JN221386

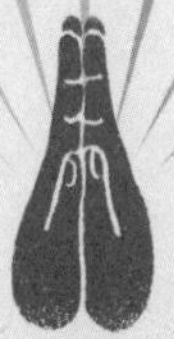

現代「ますように」考

こわくてかわいい 日本の民間信仰

井上真史［著］

淡交社

ネクティ由来縁起──序にかえて

国文学者　堤　邦彦

あれからすでに二十年の歳月が流れている。

当時、京都の北端の大学に勤めていた私は、学生たちの噂になっていた謎の男の正体が気がかりでならなかった。大学主催の「小松和彦講演会」の折、最前列の真ん中に座って、しきりにうなずくネクタイ姿の見慣れない男…あれはいったい誰？　新入生にしては妙に世慣れた風体をしていて、ネクタイを緩め、袖をまくり麻雀に興ずる姿を見た…などの目撃談が飛び交っていた。

一年後、堤ゼミの所属となった噂の男・井上真史をして、私は「ネクティ」（緩めのタイをしめた怪人）の渾名《あだな》で呼ぶようになった。

ネクティは、子供の頃、故郷の信州飯田に春を告げる獅子舞のあとを追っかけて、危うく行方不明になるところだったという。もし天竜川の橋のたもとで引き返さなかったら、彼は「神隠し」にあっていたかも知れない。日本民俗学の創始者・柳田國男が幼い日に遭遇した神隠し（『山の人生』）に相通じるエピソードである。幼児期のこの体験を振り返りながら、のちにネクティは心の内を吐露している。

身体はこうして日常に戻って来はしたものの、私の精神の三割くらいは未だ獅子舞を追いかけ神

隠しから帰って来てはいないのでしょう。

（第二章第二話より）

各地の奇祭や生々しい民俗のにおいを求めて、いまも旅を続けるネクティの原点が、遠い記憶のなかの祭り囃子と神隠しの時空の奇妙な心地よさにあることは、本書『現代「ますように」考　こわくてかわいい日本の民間信仰』の全体構想とも共鳴していて、じつに興味深い。いわばそれは、眼前の芸能や祈りの習俗が、忘れたはずのおぼろげな幻影と交錯する瞬間といってよい。本書はある意味で、著者の心内世界の代弁でもあるわけだ。

ネクティは〈鳥の目〉の持ち主である。

京都市内はもとより、全国津々浦々を経廻りながらも、彼は決して土地の信心に染まらない。空行く鳥が高いところから村里を眺めるように、地上のいとなみを愛でつつ、常にこれを全体像として捉え、祭りのあと、人知れず去っていく。当事者にさえよくわからない言い伝えを傍観のまなざしから腑分けしてみせ、軽妙洒脱な評言にからめて物事の本質をつく。ありきたりの民俗研究の枠に収まりきれない〈鳥の目〉の験力を得て、はじめて古くからある（と主張される）しきたりの全貌が浮き彫りになるのである。教室の隅に腰かけ、冗漫なクラスの日常を眺める視線にも似た感覚が、〈鳥の目〉の精神を支えているのかも知れない。

もっともネクティの旅は、物理的な移動に終始するたぐいのものではない。本書執筆の前提として、先人の著述が織りなす知の森に分け入る好奇心がそこここに充満しているからだ。ことに江戸時代の記録、雑筆、怪異小説の博索と、知の情報を踏まえた考証が、本書の血となり肉となっていることは間違いない。机の上の山河を駆け巡る日々の営為もまた、「旅」の重要局面となる。民俗踏査と文献渉猟はまさに表裏一体の関係にあるのだから。それにしても知る人ぞ知る稀覯本の引用を見るにつけ、快哉を叫びたくなるのは私一人ではあるまい。

そしてネクティの旅は続く。

二十一世紀、コロナ禍の京都に増殖していく「アマビエ」習俗の姿を追尾し、ことの顚末を冷静に書き留める行為とその成果は、おそらく百年後の人々にとってこの上もない歴史の教科書となって享受されるであろう。また、人口減少とともに消えていく日本の「ますように」を記録することじたいが、未来への遺産にほかならない。あちこちの霊山霊場に赴き、あの世の入り口を覗く日々のなかで、「あの世がありますように」と願う現代人の心を見抜き、「我々はあの世を欲している」と断じるネクティの言葉は、怪談文芸の未来像を予言する呪詞に聞こえる。

ネクティには「旅」がよく似合う。

西に性神あれば走り、東に奇祭あればまた走る。民俗の現場に分け入る自身の足取りを評して、彼はみずからを「徘徊者」と呼ぶ。フィールドワーカーでもなく、参与観察者でもない。それはこの世の周縁をうろつく鳥の目をした怪人にふさわしい尊称であり、『現代「ますように」考　こわくてかわいい日本の民間信仰』の本質を言い当てたネーミングに思えてならない。

旅人と　我が名呼ばれん　徘徊師

夢は枯野の外にある。だから明日もまた、ネクティの旅が続き、ます、よう、にぃ。

『現代「ますように」考　こわくてかわいい日本の民間信仰』もくじ

都道府県別　主な採集地リスト

「ますように」から見えるカミとの距離感

多くの人がそうであるように、私は年間で五十回くらいは神社に行きます。だいたいの神社には絵馬が奉納されています。書かれていることを読むと非常に楽しいのですが、そこには共通して「○○しますように」などと書かれています。

考えてみれば「ますように」という語彙《ごい》は、現代ではなにかにお祈りをするときのほか、スピーチやほんわかしたポップスの歌詞くらいでしか使われていないようです。「バチをあてててください」「金持ちにしてください」など、直接的にお願いしている絵馬もありますが、「ますように」はなんだかそれよりも一歩引いていて、別に神仏の存在なんて確信していないけれども、それでも叶うと嬉しいな、くらいの距離感があるようです。

現代日本人の宗教観は、もちろん一神教世界のそれとはまったく違うものであるし、かといって多神教的な観念ともすでにかけ離れています。この手の話は信仰と宗教と信心を同じお皿に乗せて行なわれてしまうこともしばしばで、まずそこをひとつひとつ切り分けて考えるべきなのですが、日本人の信仰らしきものは捉えにくく、はっきりとした形が見えにくい。しかし、この社会に宗教性がまったくないかというと決してそんなことはないようです。一皮剝《む》けば、大都会の足元でもなにかしらの「ますように」が見つけられます。

あえて断言してしまうと、捉えにくい日本人の神様や見えざる世界への距離感らしきものが「ますように」という特殊語彙《ごい》にあらわれています。

絵馬のなかには「再就職できるまで禁煙します」「男断ちをお約束します　ただし三年の事」など、契約を表明する「○○します絵馬」も存在しているけれど（どちらも実際にありました）、「ますように」となると話が変わってきます。

現代で「ますように」を使う場面はいずれも、面と向かった具体的相手を伴っていません。つまり、対個人で使う言葉ではないのです。神や自然、この場にいない人、あるいは未来など不特定な対象にむけて、受動的な態度で、お願い、というか、こうなったらいいなくらいの気持ちでいっているようです。

本書は、第一章第一話で紹介する「猫戻しのまじない」をきっかけに、日本国内の民間信仰を訪ねて歩いたなかで見つけた「ますように」を集めて紹介しています。民間信仰とは、大雑把にいうなら「中心のない宗教行為」です。中心となる教祖や機構が不在で、体系立った教義がなく、したたかに姿を変え、なんとなく続いたり消えたりしている「宗教ぽい」なにか。それはつまり「教科書」がないということでもあります。

民間信仰の現場を見ていると、人の願いの多様さと生々しさに、ときに畏怖し、ときに健気なかわいらしささえ感じます。

そこには祈願の多様性や、その深刻度の浅深《せんしん》、信仰の濃淡、そしてなによりも、こんな世界がまだ生き残っていたのかという驚きがあります。

基本的にこの本では現在も現場に行けば見られる、現在進行形のものを取り扱うことにしました。これは民俗調査ではなく、民間信仰の生存を観測した日記であり、旅のガイドブックでもあるのです。

では、みなさんの旅が、忘れられかけた土の匂い漂う世界と出会う、驚きに満ちたものでありますように。

本書は、左記の同人誌を底本として、抜粋再構築するとともに加筆・修正を行ない、新原稿を追加したものです。

・『現代「ますように」考』二〇一九年
・『亜種・現代「ますように」考　オレたちもこの祭がわからない〈増補版〉』二〇二〇年
・『現代「ますように」考2　逆襲のアマビエ』二〇二二年
・『現代「ますように」考3　AI×清姫　怒りの熊野ロード』二〇二三年
・『現代「ますように」考4　あの世覗き見紀行』二〇二四年

第一章

突撃、となりの願い事

現代に生き残っている様々な「ますように」。いずれの「ますように」も、ふとしたことで時代の流れのなかで消えてしまいそうな、ささやかなものながら、未だに生命力を保っています。

こういった土臭い信仰は、教義や近代的理性を離れ、生きた人間の「行為」として息づいているのが特徴であるように思います。

その背景や、教義に関係なく、「全然わからない。オレたちは雰囲気で願っている」と。それでいい、それがおもしろいのです。

第一話◉

猫が帰ってきますように

～呪歌「まつとしきかば」～

採集地▼長野県JR上諏訪駅前のコンビニ

民間信仰がどんどん消え、目に見えにくくなっていくように、昔から起こる自然現象もまた、気候の変化で見る機会が減っていきます。長野県諏訪湖の全面凍結と、それがまっすぐに割れる「御神渡《おみわた》り」も今後起こる機会が少ないだろうと思い立ち、見物に行ったときのこと。

上諏訪駅前のコンビニの表ガラスに迷い猫のチラシを見つけました。思わず「生きとったんかワレ！」と叫んだのは、その下に「まつとしきかば　いまかえりこむ」と書かれた紙が貼られていたためです。興奮して写真を撮る私を地元の高校生がいぶかしげな顔で見ていました。

たちわかれ　いなばの山の　峰に生ふる　まつとし聞かば　今かえりこむ

百人一首にも収録されている中納言・在原行平の歌で、もとは『古今和歌集』です。百人一首は有名ではあるけど、どうも奇妙なもので、ベストセレクションアルバムにしてはへたな歌も多いのですが、そんななかでもこの歌は、掛詞が見事で口に出すとリズムがよい。

もとは都に戻りたい意の歌ながら、「居なば山」のキーワードのためか、この歌はいつの頃からか、人や迷い猫を探すまじないソングと化していきました。

猫とは気まぐれにふらりと姿を消すやつら。猫を探す呪術は様々なものが報告されています。「まつとし聞かば」は特に有名だったようで、全国のバリエーションを見ると、「猫の食事する場所に逆さに貼りつけておく」（長崎県）、「上の句をかまどの柱に貼る。帰ってきたら下の句を書いて貼る」（群馬県）など、広い範囲で伝わる様子がわかります。なかにはこの歌で犬を探すという俗信もあります。

和歌には現実に働きかける特別な霊的な力が宿るとされました。宮城県仙台市福沢町に、夜遊びをしかられて家出した女が野宿をし「風も吹き　雨の降るをも　いとはねど　今宵ばかりは　露無しの里」と詠んで以降、集落には夜露が降らなくなったという話があります（『宮城県史』第二十一巻「民俗三」一九七三年）。

滝沢馬琴《ばきん》の随筆『燕石雑志《えんせきざっし》』には、天智天皇の時代、紀朝雄が詠んだ「草も木も　我おおきみの　国なれば　いづくか鬼の　栖なるべき」という鬼を払った歌が紹介されています。菅原道真が太宰府に流される際、河童を助けて詠んだ「ひょうすえよ　約束せしを　忘るなよ　川たち男　氏はすがはら」も河童除け（水難除け）で有名であります。こうした和歌の呪術的作用ばかりを集めた説話集は、和歌奇妙談・和歌威徳譚などと呼ばれています。

さて、いなばの山に話を戻すと、猫は姿を消すと山に行くといわれています。猫が集まるとされる山は日本各地にあり、そこに人間が迷い込む昔話もあります。有名なところだと鳥取県鳥取市の稲葉山、マイナーなものであれば京都府宇治市と滋賀県大津市の境界にあたる山にも猫の山の話が残っています。

猫探しおじさん　内田百閒

「まつとしきかば」は、昭和を代表する小説家・内田百閒《ひゃっけん》の『ノラや』（文芸春秋新社　一九五七年）にも登場することで有名です。

かわいがっていた猫のノラが、雨の日行方知れずになり、百閒先生それはもう狼狽《ろうばい》し、ほうぼうに手を回し、ビラを配り、雑誌を通して読者にノラの目撃情報を求め、そして雨が降るたび、ノラのことを思い出して泣いたり、ノラが好んで食べていた寿司を見て思い出して泣いたり、ノラが風呂の蓋に居座っていたことを思い出して悲しくなり風呂に入れなくなったりします。このおじさんかわいいなぁ。『ノラや』内で三、四種類の迷い猫探しのチラシ（大使館に迷い込んだ可能性を考え、英語バージョンまである）があり、百閒必死この上ないのですが、チラシのひとつに「まつとしきかば」の歌がレイアウトされています。この本をきっかけに「まつとしきかば」を知った人も少なくないでしょう。

当時、諏訪での「まつとしきかば」発見をツイートしたところ、四千件ほどのリツイートとともに、いくつか、猫を飼っている人からの情報も集まってきました。いわく、この歌を使うとうちの猫の帰還率は百パーセント、猫を探すとき、書いて餌の皿の下に置いた、カリカリの器に入れたけど効かなかったなど、今も猫好きの人たちのなかにこのまじないは生きていたのでした。

そして、このようないなくなった者を探したり、去った者に働きかける「ますように」は、どうもまだ日本各地に生き残っているようなのです。

一年後、諏訪に再訪し、このコンビニに立ち寄ったところ、猫を探すチラシはなくなっていました。はたして呪歌の効果はあったのかなかったのか……。

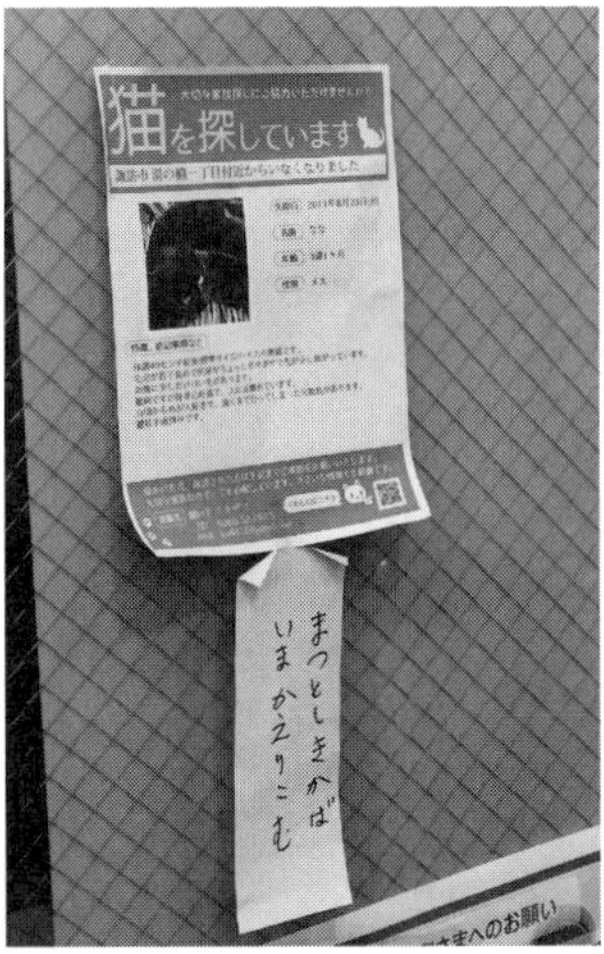

肉まんとこの紙ください

第二話◉

雨女が治りますように

～僕たちみんな古代の王～

採集地▼気象神社（東京都・高円寺氷川神社内）

雪で遭難しかけたり、離島から帰る連絡船が嵐で揺れに揺れ船酔いになったりと、フィールドワークに行くとしばしば天気に翻弄《ほんろう》されます。自然とは、ちょっと個人ではコントロールが難しいらしい。地震や疫病の流行など、より強烈な現象もありますが、身近にその難しさを感じるのが天候です。

なにか地蔵かおふだか社でもないかと目を光らせ徘徊《はいかい》していると、今でもたまに町中でてるてる坊主を見かけます。思えば多くの人の場合、子供の頃、一番早く自覚的に接した「おまじない」もてるてる坊主なのではないでしょうか。

生活や農耕と密接に結びつく祈雨《きう》・気象制御に関する信仰や儀礼は、各地に無数のバリエーションがあります。たとえば、龍の棲む池にお供えを投げ込む、幽霊画を広げて雨乞いをするなど、おもしろい事例に事欠かぬわけですが、今回紹介するのは東京・高円寺の気象神社であります。

山奥でリンゴの木に囲まれて育った私から見たら、都会のど真ん中に感じる高円寺。目的地の気象神社は、ＪＲ中央線の高円寺駅から歩いてすぐ。境内には奉納されたてるてる坊主やてるてる坊主型おみくじなどが肩を寄せ合いコミュニティを形成しています。

訪問当時、私は『怪談牡丹燈籠』の下駄の音「カランコロン」について考えており、下駄を奉納物とする寺社の例を探していました。

気象神社の小絵馬は下駄の形をしているのです。

「明日天気になぁれ」と下駄を蹴り飛ばして占《うらな》うあの遊びから作られているわけですね。小学校の先生に聞きますと、今の子供たちはアレをやらなくなったそうで、まぁスマホかなんかで気軽に精度が高く明日どころか五分後の天気がわかる現代にやる必要もないのでしょうか。私などは高く蹴り上げすぎて靴だかサンダルだかを屋根の上にやってしまい取れなくなった記憶がございますが。はて、あのときは結局、片足裸足で帰ったのか、あるいは誰か大人が取ってくれたのか。

では、この下駄型絵馬にはいかなる祈願が託されているのでしょうか。

当然、晴天を願うもの。それも結婚式や海外旅行など、特別なハレの日が晴れますようにと願う言葉がよく見られます。

ほかに「気象予報士になれますように」「気象予報士試験に合格しますように」と願う絵馬も目につきます。

たとえば第五十六回の気象予報士試験の合格率は四・二パーセント。ちょっと神頼みをしたくもなる数字です。多くの学術機関とマスメディアの拠点を有する都心にあり、気象の名を冠するがゆえでしょう。ところで、気象予報士試験が始まったのは一九九四年。「気象予報士になれますように」の願いが生まれ、広がったのもこの時期なのでしょう。願いとしてはまだまだ若いようです。

そもそも気象神社のもとは第二次世界大戦中、陸軍気象部内に造営された社でした。軍事にとって天候把握は戦術に影響を与える重大要素です。当然その観測や予報は科学的に行なわれていたわけですが、同時に気象士たちはオモイカネを祭神とするこの神社に予報的中祈願をしていました。

気象の予報、あるいは制御であれば、太陽神アマテラスでもいいんじゃないかと思うのですが、皇祖神であるアマテラスを大日本帝国軍事施設内で祀るのはややこしいことになりそうです。その点オモイカネは記紀神話において「引き籠もりのアマテラス引っ張り出し作戦」を立案した神であり、いわば知恵でもって平常の太陽を取り戻した神です。科学で気象にアプローチする場にふさわしい祭神設定でありましょう。

終戦後、陸軍気象部とともに、気象神社は役割を終え、GHQによる神道指令のもと撤去されるはずでした。が、なにぶん閉ざされた軍施設内の、それも重要な機密でもなく小さな神社のこと、本当のところはなにがあったか知るよしもありませんが、調査漏れにより解体から逃れることになりました。その後、高円寺氷川神社の当時の宮司により、現在地に移されたそうです。

新しいながらも、ほかにないユニークな歴史を持つ気象神社さんなのでした。

雨女雨男たちの神話

この神社に託された願いにはもうひとつ、強く心惹かれるものがあります。

「脱・雨男」

「雨女を克服できますように」

「晴れ女になれますように」

小さな下駄の絵馬に託された切実な願いと、その向こう側にある人間の無意識な残酷さが表現されています。ゆえに私は素晴らしいと思う。

おまえが来ると雨が降る。

雨女雨男とは、天候という人間には制御できない事象の責任を一個人に押しつける、仲間内の冗談で済まされる、身近ながら冷酷なるシステムです。こうした本来繋がらない事象を直感的に結んで繋いで因果関係を見出すのは呪術の本質であります。

これらはいにしえから続く気象の制御と責任の因果関係を語る、はるか古代の呪術の末裔です。

そして、その冷酷なる呪術感覚はまだ駆動していて、私たちの身の回りにある。気象神社は、現代人に対し、そんな現実を、下駄とてるてる坊主のジャブでちくちくと突きつけているのです。

かつて国家が個人を消費する戦争のために生まれた気象神社は、時を経て、全国の雨女雨男ら「個人」から救いを期待され、祈られるようになったのでした。

呪術研究の金字塔たる『金枝篇《きんしへん》』。著者である、イギリスの社会人類学者、ジェームズ・フレイザーは、古代の王とは神とのコミュニケーションを介した気象制御を期待され、その責任を押しつけられ失墜《しっつい》する装置であったと考えました。

雨女雨男は、そう呼ばれてしまう場において、気象に影響を与えうる存在でありながら、概念の起動時点でコントロール不可能性をはらむ者たちです。『金枝篇』を下敷きにいうならば、彼ら彼女らはそう指を差された時点で「既にして失墜している王」であると表現できます。

かつて皇祖太陽神を再生した神であるオモイカネが、これら現代日本に残った「失墜した小さき王たち」から救済を求められている。気象神社とはそんな空間です。

最後に、もっとも私の心に残った祈願を紹介したいと思います。

「○○ちゃんが脱雨女しますように!!」

なんと無邪気で冷酷な、絵馬の向こう側にあるドラマを感じさせる一言でしょう。

もちろん書いた人物には悪気はないのでしょうけどね。

古代の王と現代の予言者たちの願い

第三話◉

人が帰って来ますように

～迷子みちしるべ・足止め・呪い～

採集地▼誓願寺（京都市中京区）／杭全神社（大阪市平野区）／千代保稲荷神社（岐阜県海津市）

京都市の繁華街、寺町京極の中心に誓願寺があります。落語の祖・安楽庵策伝（一五五四～一六四二）和尚にちなみ、芸道上達の寺として知られています。

山門前には迷子みちしるべの標柱《ひょうちゅう》（石柱）が立っており、裏側をのぞくと、たまに紙が貼りつけられ、人の名前などが書かれています。この標柱の裏に探す人の名前を貼っておくと帰って来るという、猫を呼び戻すようなまじないです。

ある時見つけた「私の旦那様」と書かれた紙は、行方不明になった旦那なのか、それともまだ見ぬ旦那のことなのか……。

そもそも誓願寺はその歴史を遡《さかのぼ》ると女人救済の寺で、それも少々歳のいった女性を救うような霊験譚《れいげんたん》が散見されます。そのなかのひとつが「迷子みちしるべ」の俗信に繋がりました。

宝暦年間（一七五一〜六四）に刊行された『賢問子行状記《けんもんしぎょうじょうき》』による話です。かつて貧困から子を捨てざるを得なくなった母が、仁和寺街道に「子を捨てる　形見の卒塔婆　いかばかり　さらではいかに　親を助けん」と書いた卒塔婆《そとば》を立て、そこに男の子を捨てました。拾われた子は比叡山延暦寺の僧となります。二十六歳となった彼は親を知らぬ寂しさに耐えかね、比叡山を下《お》り、母を探し始めます。手がかりは捨てられたときの卒塔婆だけ。卒塔婆の歌を「子を捨てる　形見の卒塔婆　いかばかり　さらではいかに　親をたづねん」と詠み変えて、日々誓願寺の山門に立ち施行していたところ、その歌をきっかけに年老いた母と再会することができたそうです。

この山門前は、江戸時代中期から明治期まで、出店や見世物小屋までかかるような盛り場だったそうです。迷子もさぞ多かったことでしょう。

ここに貼られた紙を見たくて通りかかるたびに柱の裏側をのぞいているのですが、新京極通を行き交う修学旅行生たちに不審者と思われていないか心配です。

落としちゃったの？

誰かがおまえを呼んでいる

人を探す行為は、その人の魂を呼ばい、自分には見えない世界から引き戻そうとする呪術です。

大阪市・杭全《くまた》神社に、大量の縄で足をぐるぐる巻きにされた狛犬があります。容疑者でもここまでされません。これは「走り人足止めのまじない」です。走り人とは家出人のことで、足という移動の手段を封じ込めることで、対象が「どこかに行きませんように」あるいは「帰って来ますように」と働きかける呪術です。

お縄をちょうだい

これはジェームズ・フレイザーが『金枝篇』でいうところの類感呪術の典型例です。類感呪術より模倣呪術と訳するほうが直感的だと思うのですが、まぁ類感とか感染という言葉は、かっこいいからついいいたくなります。類感呪術とは、簡単にいうと「似たものは似たものに働きかける」という呪術の原則的なルール（フレイザーさんいわく）です。「見立て」と考えればわかりやすいでしょう。この例でいえば、狛犬と家出した誰ぞになんの因果関係もないのですが、罪のない狛犬の足へ働きかけることで家出人の足にも働きかけようとしているわけです。藁人形に五寸釘を突き立てて呪《のろ》い殺そうとする「丑の刻まいり」も同様の呪術です。

杭全神社の足止めは大阪らしく、「客足が引きませんように」「恋人の心が離れませんように」など、現世利益的に行なう人もいるようです。

類感呪術と対になるのが感染呪術です。感染呪術とは、簡単にいうと「一度接触した物同士は見えない連続性を与えられる」呪術の原則で、対象の触れた物を使い、その場にいないそいつに働きかけようとするものです。現在の日本で見られる例としては、オチョボ稲荷の足止めがその典型です。

岐阜県海津市にある千代保稲荷、通称「オチョボ稲荷」。境内の御神木にその人の履物を打ちつけることで、いなくなった人を呼び戻そう、あるいは呪ってやろうとする俗信が生き残っています。小松和彦氏の『日本の呪い』（光文社　一九九五年）に、東京のとある飲み屋の浮気性の親父が、怒った奥さんにここの呪詛《じゅそ》をかけられ、片足が壊疽《えそ》のようになったという体験談が紹介されています。

かつてあった御神木はすでにないのですが、代替として丸太が使われています。人目をはばかるかのようにトタン板の目隠しで覆われた半畳ほどの囲いのなかに、丸太が無造作においてあり、靴やサンダルが突き立てられています。釘の穴がぽつぽつと空いていますのでちょっと椎茸栽培の原木みたいです。

おもしろいのは看板に「足止めする方は必ず次の事を守ってください。この場所以外に履物等を打ちつけないこと　藁人形・写真等は絶対打ちつけないこと……」などと書かれていることです。呪いの俗信があること自体はまるで否定していない言い回しです。あと、やっぱり藁人形を打ちつける人いるんだ。

のぞいて見れば木にはちゃあんと履物が打ちつけられていて、まじないが元気に生き延びていることがわかります。クロックスのサンダルなのが実に現代的で好感が持てました。また、明らかに手紙と思しき紙も打ちつけられており、なかになにが書かれていることやらと考えると、うそ寒い気分となります。

ところで、鳥居の目の前にサンダルを売っている靴屋があったのですが、これはもしや「そういう」需要を当て込んだ出店なのでしょうか。再訪のおりには勇気を出して聞いてみたいと思っています。

現在も残っている例は希少ですが、足止めの呪術は各地にあったようです。佐賀県の現・唐津市鎮西町には、望まぬ結婚から逃れようとしている女を止めるために、杉の木にわらじを打ち込んだというなかなかにひどい話がありました（國學院大學民俗研究会『民俗探訪』一九六八年）。

これら足止めのように、誰かの足を狙った感染呪術は、日本に限らず全世界的に存在します。履物を用いずとも、足跡を攻撃することで、対象人物を害したり、あるいは心を射止めたりする例があります。オーストラリアの南東のある民族では、足跡に鋭い石や木、あるいはガラス片などを突き刺すことで、その足を不自由にすることができると考えていました。リウマチなどの足の神経痛は、こうした呪いが原因だと考えられていたそうです。

逆に足を守るまじないも全世界的に存在しました。日本の例でいえば、新しい履物をおろすとき、靴底に釘でひっかき傷をつける、トイレでおろす、靴底を泥や炭で汚す、などの言い伝えが当てはまります。

これらのまじないは、足という二足歩行動物の弱点から心身に害をなす魔や悪意が侵入して来るのに対して、汚しておくことでそれらを退ける魔除けの意味があります。

人間という野生動物は人間を求めています。今回見てきた人を呼び戻そうとする呪術こそは最も人間らしい行為ではないでしょうか。こうした呪い心さえ表出する「ますように」の強烈な魅力に取り憑かれた私は、今日も履物が臭くなるまで求め歩くのでした。

紙の中身が気になる

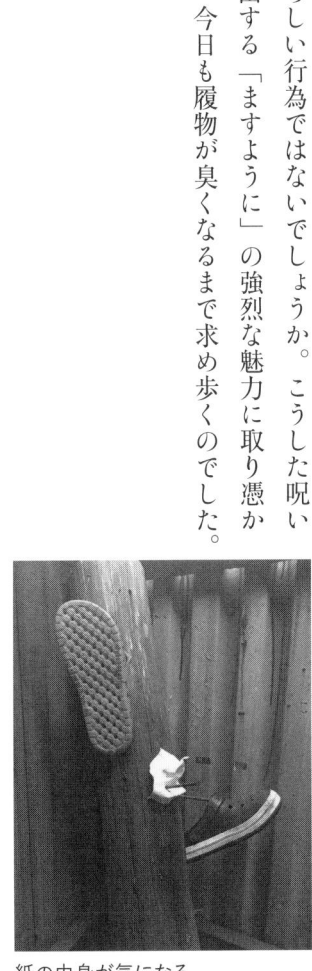

第四話◉

子供が生まれますように

〜未だ消えざるおちんちん〜

採集地▼諏訪大社下社春宮（長野県諏訪郡下諏訪町）／青森県十和田市深持

突然ですが、自分の出生前、親が祈願をしたおちんちんを見たことがある人がいるでしょうか。僕はあります。

長野県諏訪地方の諏訪大社は、上社前宮本宮、下社春宮秋宮の四つの宮からなります。諏訪信仰は複雑なことで知られ、四つも宮を持つのも本来は別物だった信仰を後世でくっつけたもののように感じられます。宮のどれもがまるで印象が違うのです。大まかにわけると、上社二つは守屋山《もりややま》を中心とした御神体山と動物にかかわる自然信仰のようで、下社はもう少し時代が下ったもののようです。

気になるのが、下社の両宮の子安社と、そこに穴の空いたひしゃくを奉納する民間信仰です。穴の空いたひしゃくといわれると対船幽霊用武装としか思えないのですけど、これは「水が抜けるように難なく産めますように」という祈願なのです。まったく「ますように」を考えつく人間の連想力には、そうきたかーと感心するばかりです。

子安社にはおびただしい数の穴の空いたひしゃくが奉納されており、そこには「元気な子を産めますように」「楽なお産でありますように」などのお願いが書かれています。ところで、このなかに底の抜けていないひしゃくが混ざってたらこわくないですか？

ひしゃくたちが掛けられている社の下にふと目を移しますと、なにやら格子が組まれたなかに空間があるようです。のぞいてみれば、そこにはなんと石の男性器と女性器が、近代化した世間から隠れるように身を寄せ合っているじゃありませんか！

穴のあいたひしゃく

性神信仰物は全国というか全世界的に見られるものの、それでも見つけるとテンションが上がるもの。しかも子供の頃から何度も来ている諏訪大社なのに、このとき初めて見つけたものだから驚きました。ああ、僕が知っている場所なのに僕はこのおちんちんが目に入っていたのに見えていなかった。おちんちん版姑獲鳥《うぶめ》の夏だなぁと思いました（出産の信仰だけに）。

陰陽石の周りには御賽銭が散らばり、特におちんちんなどはその頂点のとんがり部分に、五円玉がタワーとなって積まれているではないですか。格子に阻まれたこのおちんちんにどうやって五円玉タワーを建築したのかは謎ですが、強い「ますように」を感じられます。

現在日本で見られる性神は主におちんちんばかりですが、昔は男女が対でした。かつて村の境界に当たり前のようにあった男性器と女性器は、近代になり次第に姿を減らしていきます。この時、不思議なことに特に女性器側ばかりが消えていきました。男性器よりも照れくさかったのか、その行為が本質的に何を排除したかもわからぬまま、かくして近代化はおちんちんを独りにしたのです。

おちんちんの上に五円玉タワーが建設されている

ところで、この諏訪大社春宮は私がお初参りをした神社でした。産まれたてほやほやで春宮に連れてこられている写真が残っています。これはもしや私の出産前、春宮子安社に詣でたのではないでしょうか。だとすれば知ってか知らずか、両親はこの社の下に隠れたおちんちんを間接的に詣でていたことになり、さらにだとすれば、私はおじさんになった今、自分が産まれるときに祈願されたおちんちんを知らずしらずのうちに自力で見つけ出し、再会していたことになるのです。すごくね？（あとで親に聞いたところ、知らんわそんなんといわれました）。

このようなお産の信仰は多く、現代に至るまで根強いものがあり、それだけ産褥死者が多かったことがわかります。対少子化対策のため、もっと性神建立するとよいでしょう。

この手の話となると、性なる露骨のお姿をした石ばかりが思い浮かびますが、その点、青森県十和田市の萱《かや》人形はちょっと変わった例です。

十和田市深持は奥入瀬川に近い山際の地域です。地域の境にだいたい三メートルほどの萱でできた男女の人形が立っています。なんとも適当に描かれた顔と適当に描かれたおっぱいが魅力的なのですが、近くに寄ると、足元に二十センチほどの藁人形がわらわらと置かれています。藁人形がこんなに大量にあるのを初めてみました。これらは子供を模した人形なのです。

天明の大飢饉（一七八二〜八七）の頃、妊婦が相次いで死んだことから、妊婦を殺す魔が村内に入らないように脅《おど》す霊的防衛兵器として大人形を立て、赤子の身代わりとして藁人形を置いたといいます。萱人形の前掛けをめくると、男のほうには木で作られた素朴なおちんちんが。女

足元に藁人形がたかっている

のほうには縄で作られた謎の輪っかがあり、子宝祈願の性物信仰でもあることがわかります。前掛けをめくるというのが実にイイですね。

ここは集落のちょうど境界に当たる場所、道祖神や道陸神、塞の神などと同じ境界神の性質も持ち合わせているのです。

性器には、村へ侵入する魔を退ける効能も期待されていました。現在も各地に残るショウキサンなどと呼ばれる人形道祖神の多くは、巨大なおちんちんを備えています。どのような発想でそうなるかというと、日本のものではないのですが、中東などに広く分布する「邪視除け」の考え方が参考になるでしょう。目には見えない悪いものは、まず悪い視線を向けてくる。その邪視を回避するために、使うモチーフが「目」、または性器なのです。視線を視線で打ち消すか、目を背けたくなる物で逸らすかという発想です。

目に見えない魔なる者たちと近代人が目を背けた性器は、今もそこに力強く立ち続けています。

第五話◉

子供とお酒ができますように
～河童のミイラ～

採集地▼松浦一酒造（佐賀県伊万里市）

スイカの名産地があるように、河童《かっぱ》の名産地もあるのです。まぁ、その名産地の座をいくつかの地で取り合っていたりするのですが、今回は佐賀のお話です。ほかの河童の名産地のみなさま若干ごめんなさい。

河童を祀る神社や、鉢巻きをしたムキムキ河童像など、いいものいっぱい佐賀県ですが、東松浦半島には河童のミイラを誇る松浦一酒造があります。

松浦一酒造の旧酒蔵は現在ちょっとした資料室のようになっており、その最奥の酒樽を改造した祭壇に河童のミイラが鎮座ましましています。

全長およそ七十センチ。背骨が十六本に手の指四本・足の指四本のかわいらしいミイラです。甲羅はありませんが、そんなことは河童それぞれの個性です。

この家には「なにか珍しい物があるらしいぞ」と昔から言い伝えられていました。

一九五三年、記録的豪雨で傷んだ母屋の屋根を張り替えていたところ、梁《はり》の上に謎の箱がくくりつけられているのを大工が発見。開けてみたところ、なかには謎の生物の「ミイラ」が入っていたからびっくりです。大騒ぎになりました。赤ん坊のミイラじゃないかと思う人までいたそうですが、背骨の数がおかしいので人間ではありえない。箱の埃《ほこり》を落としてみると、そこには「河伯」と書かれた紙が貼ってありました。河伯とは「かっぱ」や「かわのかみ」とも読み、河童の類いといわれます。

「どうやらこれは河童であろう」。そういうことになった。

こちらでは一七一六年から酒造りをしており、現在も井戸水で酒を造っています。酒造りに

正体のわからぬ神は酒樽に鎮座する

よい水が欠かせないことはいうまでもなく、どうやら先祖は理想の水を探して何度かの転地をした末、この地に根づいたとのことです。

そこでミイラ発見時の家の人々は、「河童は綺麗な水にしか住まないというから、このナニカは水の守り神だったんじゃないか」と考え、再び大事にしようとなったのでした。

箱自体は江戸のものと鑑定されたため、酒蔵ではミイラも江戸時代のものだろうと考えています。人魚や鬼や河童などのミイラが盛んに作られ、見世物や輸出品になっていた時期を考えると、大まかな時代把握はたぶん合っているとは思いますが、水の守り神と解釈するのはいいとして、河童が水の綺麗な川に棲むという観念は、おそらく近代に入って環境意識の高まりとともに発達したイメージのように思います。

このミイラがおうちに来たその頃には、河童と環境が結びつく観念は乏しかったと思われ、この辺りは発見されてから改めて近代的目線で付与された解釈といえます。

また、発見された一九五三年は、ちょうど清水崑の「かっぱ天国」（『週刊朝日』）の連載が始まり、流行った年でもあり、京都・伏見の酒蔵である黄桜が清水の河童をシンボルキャラクターとして採用したのは、そのわずか二年後のことでした。さらに、この時期は一九五三年の日本テレビを皮切りとし、テレビの民間放送がどんどん始まっていった時期です。同業者である黄桜のCMの話題が、このミイラの解釈に多少なりとも影響を与えた可能性も。

発見から約十年後、それまで母屋の座敷に箱ごと置いていた河伯を改めてちゃんと祀ろうとなるも、さりとて社建立にはお金がかかる。そこで酒樽を利用し自前で祭壇をこしらえ、現在の形になったのでした。おかげで大変興味深い空間ができましたので、ありがたいことです。

さて。

この河童のミイラはよくメディアに取り上げられ、テレビに出たり、雑誌『ムー』に載ったり、勝手にフィギュアが作られたり、国立民族学博物館の特別展「驚異と怪異」（二〇一九年）で紹介されたりと、様々な媒体で言及されています。

そこで私はひとつ、ミイラそのものではなく、ちょっと別の目線をご提案したい。

注目すべきはこの蔵という空間そのものです。

かつて使っていた酒蔵を改造したこの場は、酒造りに利用した民具、人からもらったり採集したりした河童関連グッズと、見学にきた著名人らのサインが並ぶミニミュージアムとなっています。

身近な博物館や美術館、あるいはオタクの本棚やフィギュア棚を考えていただければわかると思います。陳列とは単一の物品の意味を超えて、物と物との繋がりを構築し、総体としての文脈を編集する行為です。それは新たに物たちの物語を作る行為と言い換えることもできます。

ナニカのミイラ（実は河童かすら定かではない）と酒造りの民具、そして河童コレクション。これらを包括して展示する意味、あるいは無意識の心の働きがあるのです。

酒蔵に限らず、蔵とは家業の核心であり、イエの歴史そのものです。

そのなかに、酒造りの象徴である樽を再利用して河伯のミイラを改めて祀る。それは家の歴史の内部へ積極的に河伯を取り込もうする試みにほかなりません。

得体の知れないナニカのミイラとそれが家から発見されたというモヤモヤを、民具に象徴される家業の文脈と、河童文化の文脈内に位置づけ、落ち着くストーリーを構築する心の動きがここに見て取れます。我々は「わからない」状態に耐え続けることができない脆弱《ぜいじゃく》性を持っており、常になんらかの落ち着ける解釈やストーリー、因果関係を世界に読み取ろうとしているのです。

というわけで、私としては、河童のミイラだけでなく、蔵の思想と伝承研究の現在進行形の例として、揺れるまなざしで見守っているのでした。

現在進行形といえば、河童のミイラには今まったく別ジャンルの信仰が付着しており、大変に心がくすぐられます。

河伯の祭壇の傍らには、諸々のお供え品とともに、「子宝祈願」と書かれた箱が置いてあり、なかにはミイラに子宝を祈願した参拝者によるお礼の手紙がどっさり。

なぜ、当家で水の神と解釈された河童のミイラに、子宝祈願の信仰がくっついたのか。

実はこの家では代々男の子が生まれず、ずっと入り婿で酒造りを継承して来ました。それが河童のミイラ発見後、続けて男の子が生まれ、その話を聞いた人たちが、「きっとあの河童のミイラを祀ったおかげだ」と、いつの頃からか子宝祈願に参拝するようになったようです。

得体の知れない物が見つかった特殊な状況と、それまで女しか生まれなかったらしい家に男が生まれたという、二つの偶然を結んで繋いで物語とし、新たに素朴な信仰が発生したわけですね。

松浦一酒造の名は、松浦地方で一番の酒を目指してつけられたそうですが、おもしろさではまず間違いなく一番の酒蔵でしょう。

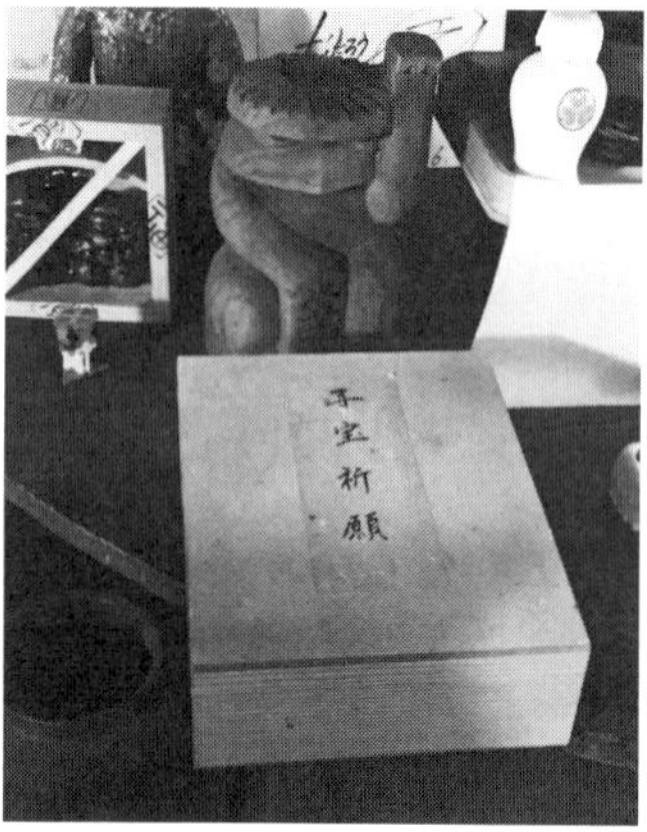

新しく生まれた願い

第六話◉

無実の罪が晴れますように

〜九尾の狐の末路のさらに先〜

採集地▼鎌倉地蔵（京都市左京区）

二〇二二年三月。殺生石、割れる。

栃木県那須郡那須町湯本発のニュースは瞬く間に日本語圏ネット上を駆け巡りました。長年おばけの話をしてこんなことを書いているのに、現地で見たことはなかったのでざんねんです。興味深かったのは、このニュースに対して「封印が解けた！」みたいな反応の言説が少なからず見られたことでした。

平安時代末期、鳥羽上皇（近衛天皇とも）に近づき、内裏《だいり》に入り込んだ九尾《きゅうび》の狐（玉藻前）。その正体を陰陽師・安倍泰成に暴かれ、那須原へ逃れるも、源頼朝郎党の上総介広常らに討たれます。その死骸が凄まじき怨念により石と化したのが「殺生石」です。

内部に三国分の怨毒と物語をぱんぱんに溜め込むこの石は、毒を吐き、辺りの草木を枯らし、飛ぶ鳥も近寄る人も殺すように。やがて時が流れ、室町時代、禅僧・玄翁が殺生石を打ち砕き、九尾の狐の怨念はようやっと成仏したのでした。

殺生石は大妖怪を封印した石ではないし、話の上ではもう九尾は成仏しているし、石はとっくの昔に割れていたのでした。

と。ここまでは多くのお詳しい人も思ったことです。私の目からは、有名な殺生石が割れる事態を目にした人々が、封印が解けたと解釈し、物語を再度与えようとする行為そのものがおもしろく見えました。

殺生石が割れたことを受けて、二〇二二年三月二十六日に「殺生石九尾狐慰霊祭並びに平和祈願祭」（栃木県那須町観光協会主催）が行なわれました。運営側のサイトでは「石が割れた一件が、蘇った瑞獣　神獣　九尾の狐によるコロナ収束や世界平和等への吉兆となりますよう」と語られており、積極的に目の前の事象と社会の人々の言説を取り込み、物語を再編集しようとする認知の働きが窺えます。

玄翁和尚が砕いた殺生石の破片は、全国に飛び散りました。

破片が落ちてきた話や落ちた破片が凶事を起こす話が各地に伝わります。福島県会津磐梯山、福島県猪苗代町、愛知県岡崎市村積山、山口県長門市八面稲荷、大分県別府市などなど。破砕前の殺生石は石どころか岩山だったと思うほど大量にあります。

そんな破片のひとつが、かつて九尾の狐が追い出された京都に帰って来ています。

京都市左京区吉田山の東側、紅葉の名所として有名な真如堂《しんにょどう》。その境内の端っこにある「鎌倉地蔵」こそが殺生石のかけらを原材料にこしらえられた地蔵なのです。

各地の殺生石飛来説話をみても、殺生石を祀ったり供養したりする例はあっても、彫って加工する例はなさそうです。

誰がそのようなことをしたのかと思えば、玄翁和尚本人でした。

鎌倉地蔵の縁起によると、玄翁和尚は殺生石をクラッシュした後、その破片で地蔵を刻み、鎌倉に地蔵堂を建てて祀りました。江戸時代最初期、この地蔵を熱心に信仰していた幕府作事方大棟梁・甲良豊後守宗廣の夢中に地蔵があらわれ、自分を京都の真如堂へ移すよう託宣《たくせん》します。鎌倉地蔵の名は鎌倉にあったことによるのですね。

甲良豊後守宗廣は幕府の建築担当のトップとして、徳川家康を祀る日光東照宮や吉田神社などを手がけた人物です。今でも一部の金槌を「げんのう」と呼びますが、これは殺生石を砕いた玄翁和尚に由来し、そこから大工の世界で玄翁を職能神とする信仰がありました。

そうした背景を考えると、甲良豊後守らの鎌倉地蔵への信仰は、大工の守り神・玄翁へと向けられた割合が大きく、九尾の狐は付随的な要素であったといえそうです。それが京都へ遷り、時が流れると、九尾の狐のほうが前面に出て語られるようになったのでしょう。

では、なぜ真如堂でなければならなかったのか。

玄翁和尚は曹洞宗僧侶ですが、真如堂は正しくは真正極楽寺といい、比叡山延暦寺を本山とする天台宗寺院です。宗派がずれています。

第一の理由として、甲良豊後守が近江出身であり、代々真如堂の檀家であったこと。

第二の理由として、真如堂と陰陽師・安倍晴明に深い縁があるためでしょう。真如堂御本尊脇侍の不動明王は、晴明の念持仏です。

「真如堂縁起絵巻」（真如堂蔵）には晴明が一度死亡し蘇ったいきさつが描かれています。晴明が閻魔大王の前に引き出されたとき、ふだんから信仰していた不動明王が出現し「この者はこれからも娑婆の人々を救う者だから」と助命嘆願をしました。「不動明王さんほどのお方がそういわはるなら」と閻魔はその言を受けて、晴明が生き返るよう手続きします。加えて、生者の横死を防ぎ、死者には極楽往生をお約束するという印鑑（「五行之印（決定往生の秘印）」）を晴明に与

閻魔さんからもらったお星さま

えました。アフターサービスがすごい。現在もこの印紋は、真如堂で授与されています。

内裏へ入り込んだ九尾の狐の正体を見破った安倍泰成は、晴明直系の子孫で実在の人物です。

こうしたことから、殺生石からできた地蔵を移すのに真如堂がふさわしいとなったのでしょう。

御利益はどこから来るの

今日《こんにち》のお寺さんの説明によると、鎌倉地蔵の御利益は「家内安全・心の病除け・無実の罪祓え」となっています。殺生石が割れたのを見た現代の人々の記憶から玄翁が消えていたのと同じように、地蔵の御利益からも玄翁に繫がるものが消えています。

では、「心の病除け」とはなんだろうと思ったのですが、よく考えればこれほど納得できる御利益はありません。

殺生石飛来説話のひとつが伝わる岡山県真庭郡の化生寺《かせいじ》（曹洞宗）を見てみましょう。

境内には柵で囲まれた一抱えほどの岩が置かれ、その地下に殺生石の破片が祀られているとされます。地上に見えているのはレプリカ殺生石なのです。化生寺境内には、玉藻前の名から採ったと思しき玉雲宮《たまもりぐう》、失せ物に御利益ある物集女《もずめ》稲荷など、狐がたくさんいます。

どういうわけか殺生石の破片が落ちた地は「高田」の地名を持つところばかりといわれ、化生寺も高田城跡の山の麓に位置しています。

かつてこの高田城下において、憑きもの落としが行なわれていたようです。力づくによるもの、寄坐《よりまし》を使う、詫び証文を使うなど、憑きもの落としには様々なテクニックがあり、そのなかに権威ある神仏を利用するものがあります。狐界のほぼ最高権威である九尾の名を借りて、町人に憑く雑多な狐霊をどうにかする発想ですね。

こうしたサンプルを考えると、鎌倉地蔵の現在の御利益のひとつに「心の病」が謳われるのはなにもおかしなことではありません。

真如堂で憑きもの落としが行なわれていたかはわかりません。むしろ寺とは直接関係ない野の宗教者たちがかかわっていた可能性のほうが高いと思いますが、洛中で狐憑きに悩まされた人が狐界の権威の力を求め、鎌倉地蔵にすがる姿は想像しやすい。「心の病除け」とは狐憑きという社会的装置が近代化で稼働を終え、変化した名残なのかもしれません。

そして「無実の罪祓え」。これは今までほかの寺社では見たことがない、ちょっと珍しいものです。玄翁和尚により九尾が成仏した後の石からできたお地蔵だから、罪をどうにかしてくれるのでしょうか。

僕も冤罪をかけられた際には、弁護士と鎌倉地蔵を呼んでくれといおうと思います。

第七話◉

奪い返せますように

～それゆけ茨木童子～

採集地▼王子稲荷神社（東京都北区）

我が家に奇妙な古い軸絵がやってきました。口が裂けた老婆が斬られた片腕を抱きかかえ、着物をはためかせている絵です。一目見た時思いました。これは茨木童子じゃあないか。

茨木童子こそは我が国の想像世界を代表する奪還者《だっかんしゃ》です。

茨木童子は酒呑童子の配下として名のある平安時代の鬼。茨木の里（大阪府茨木市）で捨てられた子供とか、生まれながらにして異形で牙があったとかいわれ、都から人をさらい、強盗を働くなどしていました。大江山において酒呑童子とともに源頼光と配下の四天王らに討ち取られたともいわれます。

源頼光四天王の一人・渡辺綱との話が特に有名ですね。

ある夜、羅生門または一条戻橋で、渡辺綱は女に化けた茨木童子に襲われ、連れ去られそうになるも、北野天満宮上空にて名刀・髭切《ひげきり》を振るい、鬼の腕を斬り落とし撃退します。

その後、陰陽師・安倍晴明の占に従って、鬼の腕を誰にも見せず忌み籠もりを始めた渡辺綱のもとに、伯母が訪ねて来て、「世にも珍しい鬼の腕を見せてほしい」と情に訴えます。押し負けた渡辺綱が鬼の腕を出したところ、伯母は鬼の正体をあらわし、腕を取り返し飛び去っていったのでした。

この話の古例は『今昔物語』の「安義橋の鬼、人を食ふものがたり」です。舞台は琵琶湖周辺であり、武士も渡辺綱ではなく、鬼も茨木童子ではありません。

『今昔物語』の構造をほぼそのままに、場所を京都、登場人物を平安鬼バスターズ・頼光四天王や安倍晴明に語り変えたものが、『平家物語』「剣巻」の一部です。謡曲『羅生門』などは渡辺綱が鬼を撃退するまでで終わり、腕奪還要素がなくなっています。鬼の逆襲がなく、シンプルな侍つええすげえだけの話になっており、おもしろみの核心を欠いた、角がない鬼のような話になっていると感じます。

そんな茨木童子をモチーフとした「額面著色鬼女図」(縦百八十センチ・横二百四十センチ)が東京都北区の王子稲荷神社にあります。

奪還した腕をしかと抱えて飛んで行くおばあちゃん鬼を描いたもので、江戸時代後期の漆師兼絵師・柴田是真の作品です。

現在授与されている是真鬼女図風の小絵馬には「心願成就」と書かれています。そもそもなぜ江戸の王子稲荷に、茨木童子が腕を取り返した絵が奉納されたのでしょうか。

天保年間（一八三〇〜四四）、それまでの専売権を幕府に制限された砂糖問屋らの講社が、自分たちの権益が回復しますようにと、以前から商売の神として信仰していた王子稲荷に奉納したものといわれます。渡辺綱に奪われた腕を見事奪い返した茨木童子の姿に、自分たちの願いを託したわけですね。『平家物語』「剣巻」のなかで、茨木童子が出現するのは一条戻橋なわけですが、権益が「戻りますように」と、意識して連想を繋げた表現なのでしょうか。

茨木童子の心願はどこにある

ちょっと気をつけておきたいのは、あくまで「願いの表現」として茨木童子を使ったのであって、茨木童子にお願いをする「茨木童子信仰」みたいなものが発生しているわけではないということです。

茨木童子の絵は神にお願いを運ぶメッセンジャーであり、同時に江戸市中に自分たちの窮状を訴えかける広告でもありました。

「一大観光地、王子稲荷に巨大鬼出現！　しかもうまい、こわい、あたらしい。」

この広告効果は絶大で、訪れた人々と江戸の人々を戦慄せしめ大評判となりました。作州津山城城主などは、なんとかこの絵を欲しいと思ったものの、奉納品だからと断られ、仕方なく別の絵師に模写させています。

効果があったのかなかったのか、砂糖問屋たちの願いは見事叶います。この問屋らの講社は東京砂糖元売商組合となり、その後も長く王子稲荷神社を業界の守護と位置づけてきました。

また、この絵で評判を取った当時三十四歳の是真は、人気絵師となっていきました。どうやら腕を取り返す絵をきっかけとし、是真のほうは腕と地位を上げていったようです。

本人としても大事な画題だったのか、クライアントから「あれ描いてや王子のやつ！」と頼まれたのか、是真はその後、何点も茨木童子を描いています。歌舞伎役者・五代目尾上菊五郎が、書き下ろし狂言「茨木」を上演した際、絵看板として鬼女図を是真に依頼しました。芝居は大当たりで、後にその絵は浅草寺観音堂に奉納されます。

鬼は人の願いに呼応する性質を持ちます。

人の欲望のデフォルメ表現でありレトリックであり、人の欲望を刺激し、自らも欲望のままに振る舞う鬼。それも大江山の鬼に願いを託す人々がいたのは愉快です。

鬼女を好む江戸の芸能と文芸の世界、連想遊び、当時の鬼観、是真の絵が結びつき、共犯で作り出した鬼女図が、今も小絵馬として、人々の願いを託されているのです。王子といえば狐が有名ですが、鬼もよいのがあるのでした。

我が家にやってきた茨木童子の軸絵には「是真」の落款《らっかん》がありますが、まあ嘘でしょう。絵柄や細かい部分の表現を見ると、是真の茨木童子絵馬を本歌取りした月岡芳年の『新形三十六怪撰・老婆鬼腕を持ち去る図』を頑張って模した物と思われます。どうせなら芳年の嘘落款にしといたほうがウケそうなものですが、なんだかよくわかりません。

是真の時点では明確な祈願が込められていた鬼女は、芳年が画題引用した時点で祈願からは切り離され、一枚の絵となっています。この軸はさらにその贋作または模写なので、もっと「ますように」から遠くなっています。加えて、是真の偽落款をつけて市場を流れ、すっかりと王子稲荷とは遠いところにきてしまった。考えてみれば、これは願いが失われた祈願物の末裔なのです。

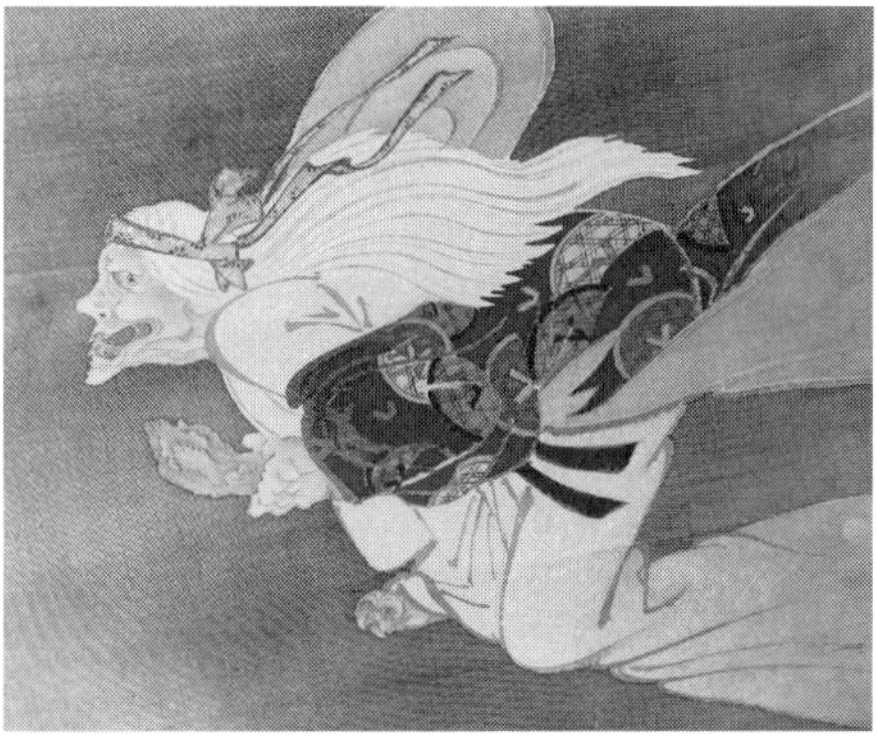

問題の軸絵　なにを思ってこれを描いたのだろう

第八話◉

治りますように
～汝、狸に手を伸ばせ～

採集地▼千里ニュータウン（大阪府吹田市）

ニューなるもの

すでに町そのものが経年劣化し、時間の流れにゆっくりと沈没していく船めいたノスタルジーを感じさせる単語となっていますが、かつて「ニュータウン」という言葉自体が人々に新しい時代を感じさせていたのでしょう。人がほとんど住んでいなかった土地に線路が敷かれ駅ができ、新しくコンクリートの町が発生するのだから、それはもう実にニューに決まっている。

大阪の千里ニュータウンは一九六二年に町開きした日本最古のニュータウンです。誕生したばかりのこの町は、日本各地から新時代に夢を見る若い家族が集まりました。それは現在ではもはやスタンダードになった核家族の初期世代でした。一九七〇年に開催された日本万博の時期には世界中から集まった記者やパビリオンのホステスらの宿舎ともなりました。

そんな新しい町であっても、人間は「まじない心」から逃れることはできません。人間ある限り、なにかしらの民間信仰は発生したり入り込んだりするのです。

ニュータウンの狸

現在の千里病院の前に一匹の狸像が所在なさげに建っています。その名はＰＯＮＴＡ。作者はのちにニューヨーク近代美術館特別会員となる彫刻家の流政之《ながれまさゆき》というお方。

千里病院の前身の千里救急救命センター時代、一九七九年に作成されたモニュメントで、病棟の建替以前、かつての台座内部には使われたメスや注射器などの手術道具が納められており、入院患者たちが自分の患部と同じ部位を撫でて、平癒を祈願する民間信仰があったそうです。

山を切り崩して作られた千里ニュータウンはただの造成地にならないよう町のシンボルスポットとして、また新しいものを取り入れようとし、最初期からパブリックアートの設置が積極的に行なわれました。きっと当時はそういう発想が「ニュー」であったはず。この狸像はそう

手術道具たちの墓石でもあった

いうニューな時代に生まれたニュー呪物なのです。

病院の前に仏像が置かれていると、きっと悲しくなる連想が働くでしょう。彼岸の匂いが強すぎる。これがぱやっとした間抜けな顔のお狸ともなれば、実に親しみやすい。狸像の平和的獣臭は、宗教的匂いを隠し消臭しています。近代医療だけでは気分的に物足りない人々の、見えないなにかにすがる心の向かう先としてちょうどよかったのでしょう。

これが何故狸なのかはいまいちわかっていません。「千里」の字をくっつけると「狸」になるとか、ニュータウンになる以前の先住民が狸だから、などの解釈があるようです。

人類の進歩と調和する呪術

一九七〇年の万博は「人類の進歩と調和」をテーマとし、当時の最新技術や、科学による未来の可能性を高らかに喧伝しました。しかし、その運営内部には「人類は進歩なんてしねぇし、科学万能も幻想だろ」と考えるやっかいな男がいました。岡本太郎です。

太郎はテーマ館プロデューサーとして万博にかかわりながら、「人類の進歩と調和」を否定、超越するべらぼう存在「太陽の塔」を建立。当時の客たちは、太陽の塔が万博とそこにかかわる人間を挑発した代物とは気づかないまま、そのべらぼうさに圧倒されました。

そして、万博終了後、ほとんどのパビリオンは移設か解体され姿を消し、月の石以外なにを展示していたかの記憶さえもあやふやになりました。しかし、太陽の塔は今もそこに建ち、万博記念公園を訪れる人たちに「なんだこれは」と思われ続けています。当時、塔の地下に展示されていた世界の仮面や神像のコレクションは国立民族学博物館の資料群のひとつとなり今も残っています。ならば完全に太郎の勝ちというほかない。

岡本太郎は太陽の塔という万博へのアンチテーゼ、いやアンチテーゼすらも超越したものを造り、「人類の進歩と調和」なんて幻想を笑い飛ばしてみせました。

千里病院の狸像もまた、新しい時代の新しい町で、誰にも悟られないまま人間の「まじない心」が消えないことを人々の接触により証明してみせました。近代化する社会に疑問を投げかける太陽の塔と並ぶたいした狸なのです。

来て見て触ってみて

さて、現代に作られお狸様の姿となったのは大変に珍しい例だけど、触ってお参りする像というのは日本各地にあります。いわゆる「撫で仏」と呼ばれるものです。

頭が痛かったら像の頭を撫でさすり祈願する。腰が悪かったら像の腰を撫でさすり祈願する。なんか難しい条件やプロンプトを用意せずとも、像に触れればいいのだからこれは楽ちん。これがカミに祈るのであれば物体としては存在していないモノを仮想し、そこに働きかけなければいけません。仏像・神像などは、本来目に見えないものを仮想する手間を省き、仮想する訓練を受けていない人でも、それらと交流しやすくする画期的チートツールです。撫で仏はさらに直接手で触れられるのだから、これは実に易しい。そして、本能的に楽しい。撫で仏信仰が今も絶えることなく続いているのも納得がいきます。

なにかに触れる行為は、物体と自分との間に関係性を構築します。

呪術の世界ではそれにより見えない繋がりと連続性、あるいは共感が発生するとされます。たとえば、髪の毛を入れた藁人形に釘を刺すことで、髪の主が苦しむだろう、苦しむといいなという感染呪術です。撫で仏の場合は、触ることで機能する感染呪術の性質と、像と人体の同じ部位に働く類感呪術の性質両面を持ちます。

触りにいける偶像

日本でメジャーな撫で仏というと、各地の天神社にでてんと座る「撫で牛」、大阪周辺で見られる「ビリケンさん（実はアメリカ産）」信仰、そしてなによりも「おびんずるさん」、賓頭盧《びんずる》信仰です。特に善光寺のおびんずるさんは有名で、二〇二三年四月盗難にあい、同県内松本市で無事発見されました。犯人の「びんずるに恨みがあった」というあまりに共感不能な供述が愉快で、人々の心を動かしました。

善光寺に限らず、賓頭盧像は全国各地の寺院にあります。犯人氏が無事恨みを晴らすには大変な労力をかけることになるでしょう。

色々な寺で、食堂や回廊の片隅に安置されている赤い僧形の像を見たことがないでしょうか。あれがおびんずるです。

多くの場合、人々に触られ続け、削れていたり指などの末端が欠けていたりする。観音像や天部像のような装飾こそないシンプルな作りで

つややかなお肌（千本ゑんま堂／京都市）

すが、その摩耗っぷりは明らかにただものではないオーラを醸し出しています。

賓頭盧尊者は本来ブッダに直接教えを受けた高弟、十六羅漢の一人です。日本においては『竹取物語』のなかに名前だけ出ており、古くからその存在は知られていたようです。しかし、なぜ触ってお参りするようなスタイルが定着したかは、どうもよくわかっていません。賓頭盧尊者のエピソードをあたっても、その由来になりそうな話は見当たりません。

江戸時代中期に禅宗系僧侶たちの間で羅漢ブームが起こりました。禅僧であれば羅漢について語れて当然という風潮ができるほどで、日本各地に羅漢像が増えるのもこの時期のことだそうです。現在の賓頭盧信仰の萌芽はそのあたりの時代にあるのかもしれません。

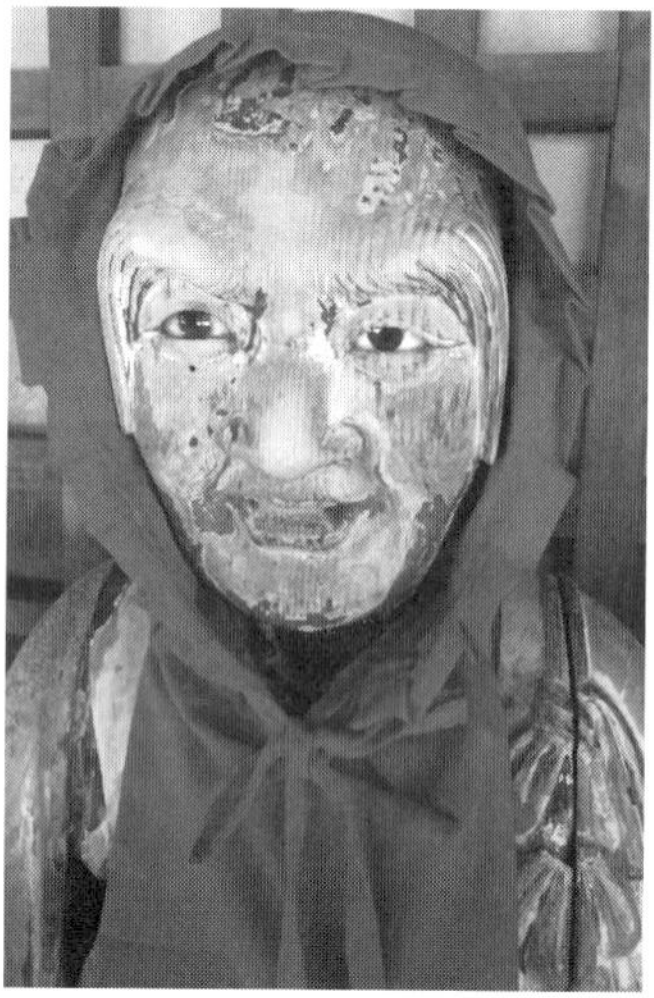
地肌まで見える歴戦の相貌
(丹生大師／三重県)

おびんずるに関して江戸時代の庶民の詠んだ狂歌をみると、当時の感覚がわかります。

痔の願に手のやりにくい御賓頭盧
びんづるの睾丸さがす疝気《せんき》持ち

こんな感じに歌われるほどに、おびんずるは親しまれていたし、撫でるというスタイルは広く定着していたのです。おびんずるに関する狂歌は下ネタが多くて大変によい。率直でいてひねくれた目線で本音を愉快に詠んでいて、短文の勉強になります。

いろんな寺院のおびんずるを見ていてなにが楽しいかって、その摩耗っぷりを見ることです。私は、おびんずるのこの戦場から帰ってきた傷だらけの戦士のような歴戦の古強者オーラを見るのが大好きなのです。摩耗の仕方が激しいものを見るとテンションがあがります。特定の部位、指や目などが特にすり減っていると、なおよし。同じ人が何回も何回もお参りし触れていったのか、同じ悩みを持つ人たちが何人も訪れたのか、あるいはほかより擦り減っている部分をなんとなく触ってしまいたくなる子供めいた喜びを持つ人が私以外にもいたのか。

こうして撫でられまくり、木の地肌が見えるほどになり、足や指が欠損するおびんずるさんには、参拝者たちが訪れてきた過去の時間が、ある意味物理的に記述されているのです。おびんずるとは言葉に残らなかった人々の祈願を記述する非言語型歴史記録ハードなのであります。むろん、非言語型歴史記録ハードという表現は、仏像にも古い建築物にも当てはまるのですが、おびんずるのすごいところは、直接手で触れられる点にあります。

通常の仏像は「見る・拝む」対象。本堂にあって、それが文化財ともなれば、近づくことはできないし、秘仏となれば見ることすらできない。私たち参拝者と仏像の間には物理的に明確な境界線が引かれていて、それを突破するとお寺の人に大変に迷惑なのでやめましょう。

それがおびんずるとなると、太っ腹なことになんと触っていいのです。あまつさえ触りすぎて傷んでいくのも本分だ、みたいな表情を赤い顔に浮かべています。文化財として保護されるべき仏像とは別に、おびんずるは参拝者の欲求の最前線に体を張って座っているのでした。

参拝者にしてみれば、野のお地蔵さんに笠をあげるときでもなければ、仏像に直接触れる機会なんてそうあるものではありません。撫で仏は濃厚接触が許された仏像であり、保存し維持し続ける文化財としての仏像とは別の価値を持っているのです。我々参拝者としては十分にその価値を味わい呪術的接触を楽しむのがよいでしょう。

千里病院の狸のＰＯＮＴＡは、今おそらく撫でてお参りする人はいないと思います。しかし、そのお腹は撫でられてツルッとしたまま二度ともとに戻ることはありません。千里ニュータウンという新しくて今や古い町の歴史をお腹にたくわえ記述している存在なのでした。

第九話◉

縁が切れますように

～怨念というコミュニケーション～

採集地▼安井金比羅宮（京都市東山区）／野芥縁切地蔵尊（福岡県福岡市早良区）

生きている人間の恨みつらみの話をしましょうか。

京都観光で一番オススメの神社。それはもちろん、東山の安井金比羅宮です。崇徳院《すとくいん》の怨霊に由来するこの神社は縁切り神社であり、境内にはおびただしい数の縁切り願いのおふだが貼られた岩と、おびただしい数の縁切りの願いが書かれた絵馬が奉納されています。

この絵馬たちが素晴らしい。

私などはたまにここに行っては絵馬を見ることで非常に元気をもらっているのですが、縁切りの願いというのは非常にどストレートに強烈なものが多いのですね。

流石にそのまま引用するのは問題がありますから大幅な改変を入れて紹介いたしますが、名前（英字）の部分はいずれも本名、フルネームが書かれていると思ってください。

だんなとあいつのえんが切れますように。しあわせになりたい。 YN

ひらがなのしあわせになりたいがいい感じを出しています。

青森県のOWに地獄を与えてください。本当にお願いいたします。こいつは私とセックスしてお金を盗んで逃げていきました。あいつのチンコを切り落としてください

地獄を与えてくださいという表現が凄まじいです。

夫の親族全員消してください。それだけのことをアンタはやったんやで。覚悟しとけよ

恨みの対象が個人レベルを超えてきました。

などなど。これらはまだまだ浅瀬です。真に強烈な例は私の心の蔵に大事にしまっておきます。

なかでも私の思い出の逸品は、五円硬貨を金切りバサミか何かで断ち切って、さらに顔写真とともに貼りつけていた絵馬でした。いうまでもなく、お金を傷つけるのは犯罪ですし、切るのも一苦労でしょう。それだけの労力を使うほど強烈な感情を感じさせます。

崇徳院もこんなことをいわれても困ると思うのですが、自己のなかの本当にどうしようもない怨念を吐き出す先となる神様は、ネットワーク時代の今にこそ有用なものとも思えます。そうした場所が生き残っているのは素晴らしいことではないでしょうか。SNSに書いたら燃えちゃうしね。

こういった怨念をナマで目にする機会は限られています。びっしりと手書きされたその凄みは言葉では表現しにくく、さらにそれが無数に奉じられていますから、ここの強烈さは現場を見ていただかないとわからないと思います。

さて、こうして人間ひとりの身体内ではどうしようもない怨念の漂着場を見ていると、怨念の根っこが「我を思い出せ」であるのがわかります。

なかには明らかにそれ逆恨みだろうとか、ストーカーが書いたよね、と思われる絵馬もあるのですが、それでも（自分の主観において）ないがしろにされ、あったことを忘れ、なかったことにしようとする相手と時間との共犯関係に対して「こんちくしょう、ふざけんな」と、魂から五寸釘を射出《しゃしゅつ》しながら反撃をするのがこうした「まじない」なのです。

思えば、逃げた男を鐘ごと焼き殺す道成寺縁起の清姫《きよひめ》、生きている間は生霊として、死後は祟る霊として光源氏の生涯に幾度となくあらわれる『源氏物語』の六条御息所、民谷《たみや》の一族そのものを滅ぼさんとした『四谷怪談』のお岩なども、こうした原理に従っているようです。

三遊亭圓朝の『怪談牡丹燈籠』のお露は、嫉妬の対象となる別の女などがいないのですが、添い遂げる約束をしたにもかかわらず、後にお露が死霊であると知り、お祓いをしようとした荻原新三郎の行為そのものに強烈な恨み言を述べています。

「……あれほどまでにお約束をしたのに、今夜に限り戸締まりをするのは男の心と秋の空、変わり果てたる荻原様のお心が情けない、米《よね》や、どうぞ荻原様に会わせておくれ」と振袖を顔に当て、さめざめと泣く様子は、美しくもありまたものすごくもなるから、新三郎はなにも言わず、ただ南無阿弥陀仏南無阿弥陀仏……

（三遊亭円朝『怪談牡丹燈籠・怪談乳房榎』KADOKAWA　二〇一八年）

日本国内、縁切りスポットはほかにも何十箇所もあります。福岡県福岡市内には独自の縁切りの風習が点在しています。いずれもポスターカラーで書かれた独特の味わい深い絵馬が奉納されています。余談ですが、この絵馬はすべてとあるおばあちゃん一人の手による一点物で、おばあちゃんのその時々の気分によって色が変わったりしますし、おばあちゃんが休むと供給が絶たれます。この絵馬が欲しくて福岡を訪れたとき、野芥《のけ》縁切地蔵尊ではそんな理由で手に入らなかったのですが、別の寺に行くと在庫があって入手することができました。

野芥縁切地蔵尊は、博多の中心市街地から電車とバスを乗り

絵馬マイスターおばあちゃん製

継いで一時間ほどの郊外の住宅街にぽつんと立った地蔵堂です。

のぞいて見ると、地蔵とも言い難いぐにゃぐにゃとした石を中心に、お堂の壁には例の絵馬といくつもの封筒が貼りつけられています。封筒には「野芥縁切地蔵尊様」と書かれ、きっちりと封がされ、なかが見えないが故に想像を掻き立てられ、凄みを感じさせます。

壁には赤いマジックで「フートーヤブクナ！」と威嚇《いかく》の文字。これもまた異様な雰囲気の一因となっています。

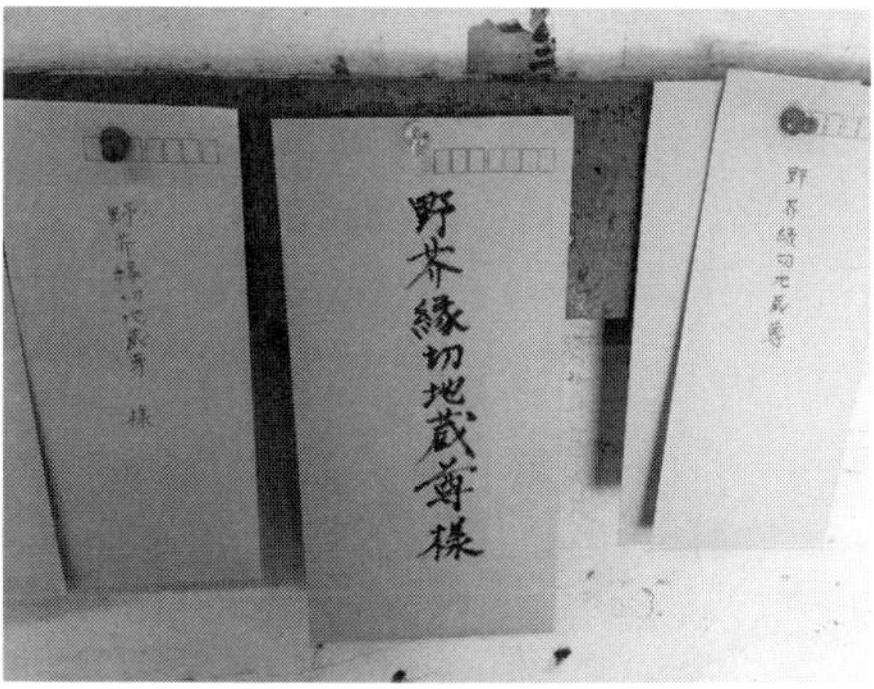

封筒の中身は究極のプライバシー

ここには社務所とか寺務所というものがなく、絵馬は地蔵堂の前のサイクルショップでいただくシステムになっています。サイクルショップの店員は参拝に訪れる人々をずっと見守ってきたのでしょう。きっとほかでは見られない人間ドラマも見てきたのでしょう。

これからどんどん失われていくであろう「ますように」のなかでも生き延びると思われるのが、まず恋愛成就。今や神社の生存戦略の一大トレンドで、本来は恋愛成就を謳っていなかった神社すら急にアピールを始めたりしています。そして、学業成就。受験がある限りそうそう失われないでしょう。

コロナ禍以後は疫病除けも増えました。これらに加えて、今後も伸びていくと思われるのが「ぽっくり信仰」。割と古くからある信仰ですが、ポックリ死にたい、ぴんぴんコロリと死にたいという願いは、高齢化社会の高まりとともにさらに需要拡大すると思います。投資するなら今のうちです。

そして、それら見えやすい願いとパラレルな、後ろ向きで吐き出しにくい縁切りの願いも同様に、まだまだ生き延びていくと私には思われます。だって現場で感じる熱量がほかのどこよりも強いんだもん。

第二章

オレたちもこの祭がわからない

「ますように」という日常生活では使わない特殊語彙には、日本人とカミの独特な距離感がにじみ出ています。

祭とは本来は、人とカミの交流する場でした。カミと人とのかかわり方、コミュニケーションスタイルは、日常から逸脱する必要があります。祭は必然的にどんどん「ヘン」になっていくさだめにあるのです。そしてなぜ今の姿になって、なぜ続けていて、なにがしたいのか。全然わからない祭もたまにあって、すげえおもしろいのです。

第一話◉

いくところまでいってしまった鬼
～鬼こそ～

場所	常勝寺（兵庫県丹波市）
開催日	二月十一日
見物難易度	★★☆☆☆
危険度	★★★★☆
セクシャリティ	☆☆☆☆☆
わからん度	★★★★☆
奇祭深度	★★☆☆☆

世のなかにはわけのわからない祭が存在します。なかでも「鬼こそ」はビジュアル的になんでそこに行き着いたのか、わけがわからない祭です。

日本全国鬼が登場する行事はあまたあります。

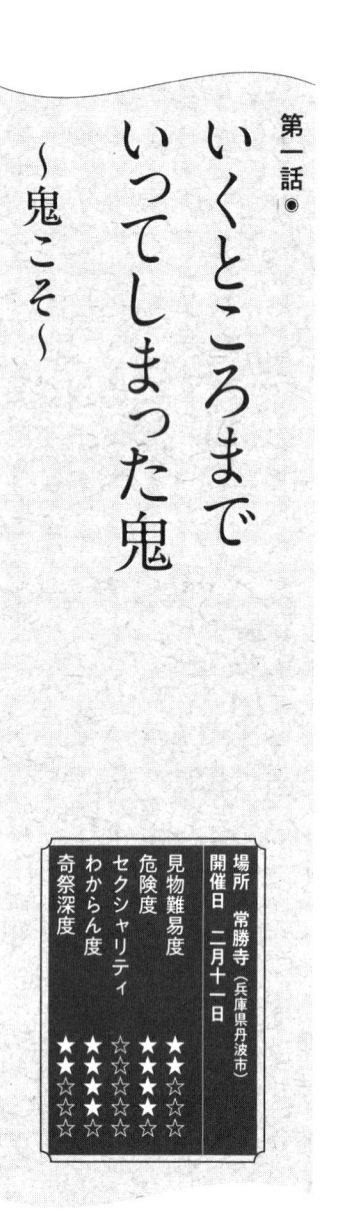

男鹿の「なまはげ」、奥三河の「花祭」、南信州の「霜月祭」、岩手の「鬼剣舞《けんばい》」、岡山の「備中神楽」、節分行事のもとになった追儺式などなど……。いくつあるのかと数えるのもいやになるほどです。日本人は鬼に包囲されています。

そんな行事に登場する鬼の面を、日本鬼の交流博物館（京都府福知山市　酒呑童子の里）や鬼の館

（岩手県北上市）、国立民族学博物館（大阪府吹田市）などの博物館で採集展示しています。鬼の面がずらずらりと並ぶのは実に壮観で、また思いのほか鬼のデザインに幅があることに驚かされます。日本各地に大量にある鬼のツラ。私も現場や博物館や資料で色々と見ているわけですが、そのなかで最強ではないかと思っている鬼のツラ、それこそが「鬼こそ」です。

まずは、なにもいわず画像を見てくれ。

その目はどこを見つめる

体に対してでかすぎる面。

飛び出た上にぐるぐるした目。

そして、亀甲縛りのような紐的なナニカ。

未だかつてこのようなファンキーな鬼には出会ったことがありません。しかも寺に保存されている古い面がすでにほぼこのデザインであり、昔からわけがわからなかったということで、これはもうわけがわかりません。なにを思ってこのデザインに行き着いたか、現代を生きる我々には到達できない領域にあります。

これを生で見たいがために、二月の寒いなか、列車に揺られて兵庫県丹波市まで行って来ました。

この時期は色々な寺で鬼が登場する「修二会」行事が見られます。たとえば、奈良県の真言宗豊山派総本山長谷寺では「だだおし」という鬼の出る行事が行なわれており、見学にいった際は大雪が降って境内で遭難しかけたものです。

最寄り駅のJR福知山線谷川《たにかわ》駅から、いかにも里山という感じの畑ばかりの道を歩いて四十分。集落を見下ろす小高い山の上に常勝寺が見えるのですが、なぜか歌謡曲のカラオケとおぼしき音楽が大音量のスピーカーで流されており、地域のおじさんおばさんたちのテンションの高まりを予感させます。さすがに普段から音楽を集落へ向けて鳴り響かせていたらおもしろすぎます。これは祭を見物するときの注意点でもあるのですが、そのとき見られるのはあくまで非日常である祭の姿であり、日常の姿と非日常の姿両方を体験して初めてわかることもあるのです。

本堂の前では地元のおばさんたちが豚汁を配ったり、絵馬やせんべいを売ったりしています。絵馬には例のすっとんきょうな鬼が描かれており、マストバイです。私がたまたま手に取った絵馬はミスプリントで両面にすっとんきょうな鬼がいました。レアものです。このチェック体

電気グルーヴのCDジャケットっぽい

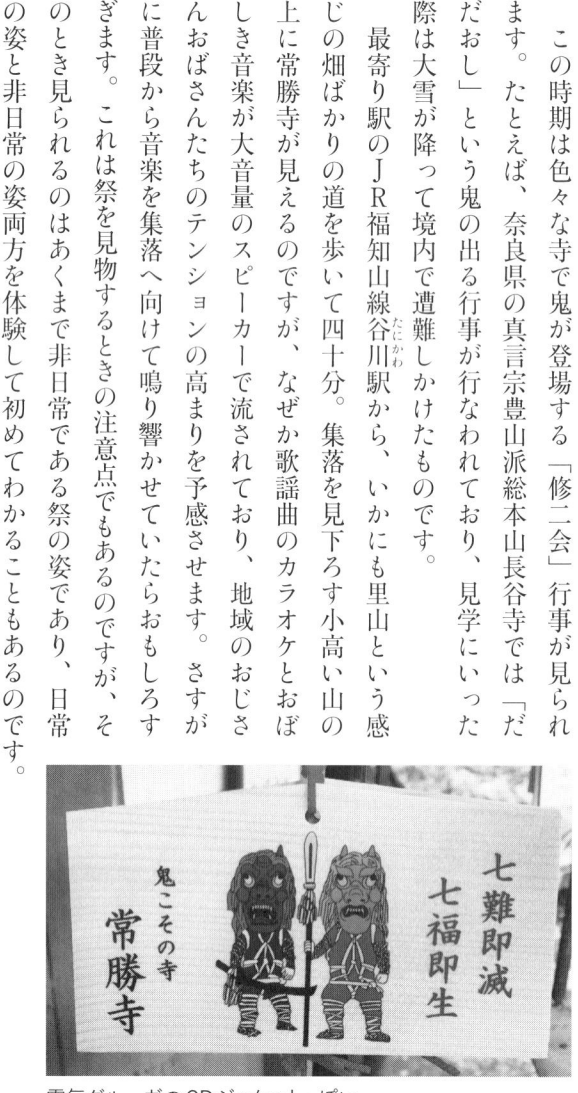

制の甘さが期待を煽《あお》ります。

鬼の登場は午後一時頃。本堂の「後ろ戸」を繰り返し開け閉めしていて、きぃきぃと軋む音を立てています。同時に太鼓と鐘を打ち鳴らしていることから、音を立てることに意味のある所作であることがわかります。

たとえば、歌舞伎で幽霊が出現する音を「ヒュードロ」あるいは「薄ドロ」といいます。ヒューは風の音をあらわす笛、ドロは黒雲沸き立つ様をあらわす太鼓の音です。鬼太鼓ともいうように、鬼や幽霊、あるいは神の出現の前兆として、常ならぬ音が聞こえてくるというのは、神話・民話・怪談のなかではよくある表現です。

儀礼のなかでも祭神が本殿から神輿や別宮に移動する際に、「神が移動するから人間は近づくなかれ」という警蹕《けいひつ》の声（唸り声）が立てられます。

鬼やカミの出現において、なにかを叩く音、および自然の風の音などを模した楽器、常ならぬ声を立てるのは演出であり、同時にそれらの音が出現の前兆であり、またそれらの音に場を清浄化する祓い清めの作用を期待した呪術でもあります。

「鬼こそ」ではこの出現に伴う音になぜ戸を使おうと思ったのか、建物が新しくなったらどうするつもりなのか、わけがわかりません。

鐘と太鼓の打ち鳴らされるなか、まずは丹波山系の伝説にたまに登場する法道仙人《ほうどう》があらわれます。法道仙人は大陸から牛頭《ごず》天王とともに日本に渡来し、仏教の秘密を伝えたとも語られる老人です。ここでは十歳ほどの子供が翁の面をかぶり、というか顔の大きさ的にかぶれないので、顔の前で手に持っています。子供が老人役をするというのは、祭の時空ではよく発生する属性の逆転です。男が女となり、女が男となり、人間が牛となることもあります。

法道仙人（子供）の後ろからなにやらすっとんきょうなものがこちらに近づいて来ます。やつです。

まず、面がデカすぎる。かぶれないものだから手でささえています。その目はグルグルして飛び出しています。ロイコクロリディウムに寄生されたカタツムリを彷彿とさせます。亀甲縛りにしかみえない「鬼のヒボ」と呼ばれているさらし布でお尻がきゅっとなった後ろ姿も印象的です。股間が変態仮面のようです。お尻をアピールしつつ、大きく足を上げて大仰に歩きます。

緑と赤の鬼が二人ずつ、それぞれ錫杖《しゃくじょう》・槍・太刀《たち》・松明《たいまつ》を持っています。床をどんどんと二度大きく踏み鳴らし、半歩下がりまた進むという歩き方は滑稽ですが、反閇《へんばい》に近い呪術的意味合いのある歩法でしょう。安倍晴明のライバル・蘆屋道満の陰陽道の祖を法道仙人とする伝説もあり、陰陽道の技術である反閇がここで使われているのはおかしくはありません。

どんどんどんと音を立てながら鬼たちは本堂の廊下を何回か廻ります。山側を向いて立ち止まり、これで終わりかと思ったら、なんと先頭の鬼が持っていた松明を振り上げ、山の際に立つ見物客がいる辺りに向けてぽいっと投げつけるではありませんか！　もちろん火がついたままです。見物客やよく燃えそうな木が周りにあるところに向けて放つのです。

顔と格好がファンキーな鬼だと思っていたら、行動までファンキーなのでした。

地元のおばあちゃんに話を聞いたところ、この松明の燃え殻は家に持って帰って囲炉裏やかまどで煮炊きに使うことで、一年間無病息災になるといっていました。無病息災のボーナスがついているとはいえ、若干物理的に危険を感じるブーケトスです。

それにしても、鬼とは実におもしろいものです。日本を研究するのであればこれを押さえずには、思想やメンタリティを理解することはできないとさえ思います。

鬼とは「過剰なるもの」です。安珍清姫伝説に代表される、能に登場する女性の鬼は、過剰な感情の爆発をもって人から鬼へと化しています。大江山の鬼酒呑童子は、その伝説のなかで比叡山麓の八瀬に生まれてからの来歴を語るとともに、朝廷と都に対する過剰な怒りを語ります。

いかに鬼が過剰なるものであるにしても、「鬼こそ」の鬼たちはデフォルメがなにもかも過剰。ある意味、最高に鬼らしいといえそうです。

第二話◉

奇祭と「ますように」と神隠し

～でかい獅子舞～

場所	長野県飯田市
時期	記憶定かならず
見物難易度	★★★☆☆
危険度	★☆☆☆☆
セクシャリティ	☆☆☆☆☆
わからん度	★★☆☆☆
奇祭深度	★★★☆☆

祭といえば、獅子舞にさらわれて神隠し未満に見舞われたことを思い出します。

その日、幼き私は生まれて初めて獅子舞と出会いました。南信地方の獅子舞はその大きさに特徴があります。通常イメージされる獅子舞は二人から四人程度と思われますが、このときの獅子舞は約十五人乗りの巨大な異形でした。家の前へと門つけにあらわれたバカでかくウゴウゴして顔が赤く口がパカパカするそいつは、紛れもなく日常を超越したどこか知らないところからやってきた存在と思えました。

このよくわからないものが今まで世界のどこに隠れていたのか突き止めようと、親が目を離した隙をつき、ウサギを追いかけ穴に落ちた少女よろしく獅子舞を追う冒険に出たのでした。一体どれくらいの時間行方不明になっていたかは覚えていませんが、親のほうはご近所さんを巻き込んでのちょっとした騒ぎになっていたようです。天竜川を越える橋の辺りでふとこわくなって引き返したような気がします。橋を越えていれば神隠しに遭い、獅子舞に育てられ、今頃は獅子舞の後継者として村から村へと漂泊する芸能民になっていたことでしょう。しかし、身体はこうして日常に戻って来はしたものの、私の精神の三割くらいは未だ獅子舞を追いかけ神隠しから帰って来てはいないのでしょう。だから今もこうして全国を巡り、民俗と祭を訪ね歩いているのです。

幼少の頃の神隠しといえば、日本民俗学の父である柳田國男も神隠し未満現象に遭遇したことが有名です。

柳田が民族学ではなく民俗学を志したのも、この幼少のときの体験に根差すものと指摘する人もいます。四歳になる柳田少年の神隠し未満体験とは次のようなものでした。

春先のこと、弟が産まれる少し前、産前の母親に全然かまってもらえなかった柳田少年は、あるとき昼寝から目覚めて、母に向かって「神戸に伯母さんがあるか」と何度も何度もしつこく聞いたそうです。母親は面倒くさがって「ああ、あるよ」と答えた途端、ゴロゴロしていた柳田少年は急に起き上がり外に出て行き、小一里も先までひとりで歩いて行ったのです。

途中で畑仕事をしていた隣の親爺に保護され、柳田少年は無事現世復帰を果たします。柳田家に神戸の親戚などはいませんでした。柳田自身、隣の親爺に拾われなかったら「それっきりになっていたに違いない」と述懐しています。実にいい話じゃありませんか。

この個人的ふしぎ原体験と、実際の採集された伝承や文化を重ねて考察し書かれたものが『山の人生』(郷土研究社　一九二六年)です。

のちに柳田はこの作品について『故郷七十年(抄)』のなかで「いつの間にか興味に駆られて自分の小さいころの経験した事柄まで書いてしまった。一つの本で二つの目的を追ったので、変なものになった」と振り返っています。そのため、後世の評価で『山の人生』に対して、論文として問題がある、証拠に乏しい空想であるなどと批判されることもあります。

しかし、むしろその結果、民俗学の研究論文であり、私小説でもあり、神隠しにまつわる伝説集でもあり、遠い世界とその住人に対するあくがれを反映したオンリーワンの読み物になっていることを評価すべきです。

柳田も私も、神隠し未満に遭ったというよりも、あるいは神隠しに「遭えなかった」、神隠ししてもらいそこねた、取り残されたまま自分の一部が幽冥界に遊離をし、地に足をつけることなく、あくがるるまま妖怪というファンタジーを追い続けた徘徊者なのかもしれません。

本書はそうしたフィールドワークに基づいて、今も日常生活に隣接したところにある、見えざる世界とのかかわり方の残余を「ますように」という日常会話では使われない特殊語彙を手がかりとして捉えて紹介しています。

祭もまたそうした見えざる世界あるいは力あるいはカミに働きかける場であるのですが、かつて私が獅子舞に出会ったときに経験したような、強烈な驚異感を人に与えるインパクトがあり、派手で、動的なものばかりです。

「ますように」が私たちのなかに沈澱してかすか蠢《うごめ》く宗教心のかけらが静的にあらわれたものであるなら、祭とは動的なあらわれであるといえます。動的であるがゆえに強烈な運動エネルギーを持ち、共同体の日常を大きく揺るがせます。

本書で紹介する祭は、見物すればいずれも見知らぬ世界に神隠しに遭ったような、日常の観念が激しく揺さぶられる経験ができることでしょう。

かつての私少年を知らない世界へ誘った巨大獅子舞は、飯田市で毎年秋に行なわれている獅子舞フェスティバルで見ることができます。子供を神隠しするほどの魔力は今も残っているでしょうか。

お練りまつり 東野大獅子（2006年／井上弘司撮影）

第三話◉

綱がセックスをする。そして神が捨てられる。

～お綱祭～

場所	奈良県桜井市江包地区 および大西地区 須佐之男神社（奈良県桜井市）
時期	二月十一日
見物難易度	★☆☆☆☆
危険度	★★☆☆☆
セクシャリティ	★★★★★
わからん度	★★★☆☆
奇祭深度	★★☆☆☆

世のなかにはわけのわからない祭が存在します。

これはどでかい綱と綱がセックスする祭です。

奈良盆地を流れる大和川を挟んだ江包《えっつみ》と大西両地区から、重さ数百キロというどでかい藁の綱をおじさんたちでわっしょいと運んで来て、川岸にある須佐之男神社でセックスさせるのです。「お綱さんの結婚式」とも呼ばれています。

江包の男綱は、先が丸くなったおちんちんとか精子の形をしています。

大西の女綱は、先が輪っかになっていかにもなにかそこに刺さりそうな具合になっています。

これらが合体するわけですね。

まず、あらかじめ女綱の到着している神社から、仲人役のおじさんが、男綱のところに「新郎さんはよこいや」と呼びに来ます。本当にこういいます。

これに対して男綱側のおじさんたちは、田んぼのなかで相撲をして泥だらけになりながら「嫁はん待たしとけ」とか「今年の新婦はがっつきすぎや」とか「先に布団入っとき」とか下ネタをいって追い返します。この問答を繰り返すこと七回、ようやくおじさんたちは泥だらけでバカでかい綱をかつぎあげ、女綱の待つ神社へ発進します。

男綱の頭部。でかさがわかる

一方、女綱のほうでは男綱を迎える準備が行なわれています。ぴしりと閉じた女綱の先の輪部分を、四方からおじさんたちがいっせいに引っ張り拡げます。大量の藁でしっかりと編まれたものですから硬いのでしょう。このとき、おじさんたちは「今年の嫁さんは締まりがキツイ」とか、その逆に「ゆるい」だとか下ネタをいいます。そして、うまい具合に女綱の輪が拡張されたら、「ひーらーいたーひーらいたー」と手をたたきながら歌います。これまた下ネタです。

どうも、この二月頭に行なわれる農村の田遊び行事というものは、下ネタ要素が入ってくることが多いです。奈良県下だけでも、このお綱祭のほかに、天狗とおかめがセックスごっこをして、股間を拭いた「ふくのカミ」を観客に投げつけてくる明日香村・飛鳥《あすか》坐《にいます》神社の「おんだ祭」。女装した男が疑似農作業中に擬似妊娠出産をする磯城郡川西町・六縣《むつがた》神社の「子出来おんだ祭」などがあります。

いずれにしても、田遊びというのは、冬、すり減った生命力や呪的なエネルギーを再活性させるものでもあります。セックスというのは、生命を作る術であると同時に、笑いと一体感を生むよい要素となるのです。

やがて仲人役を先頭に、男綱が到着します。ここからが祭のハイライトです。先ほど拡張した女綱のなかに、力を合わせて男綱を挿入します。こうして合体すると、もはや綱とか蛇とかいうのも不適当な、よくわからん名状しがたい形状になってしまいます。

こうして合体した綱の上におじさんが乗っています。このおじさんの怒鳴り声のもと、木にかけた綱を両端からひっぱり、吊り上げます。おじさんはよく怒ります。大層な重さになるわ

合体した綱。しばらく抱き合ったまま

けですからこれが重労働で、ふたつの地域のおじさんたちが怒鳴りあい、力を合わせ引き上げると祭は完了。

「オッシャカシャーンシャン」という謎の歌を歌い、おじさんたちはお互いに雑談するでもなく解散し、それぞれの地域に帰って行きます。

仲がいいのか悪いのかわかりません。そういえば、綱が結婚するために、両地区の男女は結婚してはいけないというしきたりになっているそうです。なぜ綱が結婚するから人間がだめということになるのか、わけがわかりません。

ところで、由来をひもとくと、このお綱祭は、大水により三輪にあった須佐之男(牛頭天王)の社が流されて漂着したことから始まった祭といわれます。江包という地名や大きく曲がった川の形からも、この辺りに水害が多く、治水にかかわる祭でもあることがわかります。牛頭天王の妻・少将井は海神の娘であり、牛頭天王信仰は水の信仰と密接に絡み合っています。

また、現地では綱を蛇に見立てて、おじさんたちも蛇だ男根だなどといっているのですが、由来や神社の縁起を見ると、これらの綱はスサノオとクシナダに見立てられており、むしろそいつらヤマタノオロチを退治したやつらじゃねーかと、また楽しくなってくるのです。

さらに、奈良県桜井市といえば大神神社《おおみわ》です。

三輪山のふもとにある大神神社は、日本で最古クラスの神社のひとつです。御神体を持たず、山そのものを神とし、またその神は蛇体とされます。蛇の神様ということで今も境内には生卵がお供えされており、神木には「卵を投げないでください」と注意書きがされています。いやがらせでしょうか？

ここに伝わる三輪神婚説話というものがあります。

神婚とは全世界的に見られる神話のパターンで、読んで字のごとく神と人間が結婚し、契りを結び、そして子を産むというものです。三輪の神婚神話は、女のもとに夜な夜な夜這いに来る男の正体を知ろうと、着物に針と糸を刺し、翌日糸をたどって行くと巨大な蛇だった、というような話で、日本の神話のなかでも非常に興味深いものです。

ここに見られる訪れる男性のカミを女が待つという構造は、お綱祭のなかで男綱が女綱を待たせる場面に踏襲されていることがわかります。

お綱祭の由来のなかに、この三輪がかかわっているのは興味深いです。

また、三輪周辺は蛇抜けの伝説もあります。蛇抜けとは山崩れの呼び名のひとつです。大雨のとき、山のなかにいる大きな蛇が抜け出すことで崩落がおき、大きな穴が残されていたという類いの伝説で、全国的に見ると、蛇のほか、でかいほら貝が山から抜けたという類話もあります。

歴史が古く、三輪神話や蛇抜け伝説の残る当地にあって、蛇に見立てた綱の性交の祭が、農耕儀礼と結びつく形で今も残っているのです。祭と地域と伝説の密接な繫がりの一端が見えそうで、まだまだわからないことだらけです。

さて、これは祭の中身そのものとは関係がないのですが、一番衝撃的だったことを聞いてください。

神社の境内の端に、昨年までの「お綱」が放置してあるのです。祭を見てもわかるように、綱は神聖なものとして扱われています。スサノオとクシナダという神そのものでもある物体であり、依代であるはずです。しかしながら、それが部屋に転がる空のペットボトルのように無造作にぽてんと置いてあるのです。

これは大変に奇妙なことです。なぜなら、日本国内には、お綱祭のように大きな藁の縄や藁によって怪物を作る藁蛇や道祖神や人形の祭が多々あります。しかし、それらの藁はほとんどの場合、簡単な儀式を経て焼きます。その炭を家に持って帰ったり畑に撒いたりすることもあります。綱は神が宿った聖性あるもので、単なる物ではないのです。

それをふつーに置いておくというのは、あまり一般的な感性ではないはずなのです。そういった特別な「物」の処理のためにお焚き上げや供養のメカニズムがあります。たとえば、神社のお守りは一年経てば神社に持って行きます。神社のどこかにお守りやおふだを回収するボックスがあり、集められ、しかるべき儀式のあとお焚き上げされます。ほかにも、だるまや熊手といったいわゆる年始の縁起物は、翌年地域で集めてクリスマスツリーのように組み上げて焼きます。これを「どんど焼き」や「左義長祭」などといい、冬に行なわれる子供行事として沖縄を除き全国的に分布しています。いずれにしても、カミにかかわった特別な物体をほかのゴミと同じように捨てることに抵抗を感じるためでしょう。

しかし、お綱祭の綱は放置されています。

あまつさえ、現場ではその「元綱」の上に子供が乗ったりしていても大人たちが注意する気配はなく、すでにそこに放置されているのがごく自然かつ、すでに「特別なもの」ではなくなっている様子が見てとれます。

驚いた私は現地のおじさんに話を聞きました。昔からこうしているのが自然なことで、「なんでこうしているかはオレたちにもわからない」のだそうです。

聞けば、吊り上げられた綱は五月頃おろし、その際も儀式などなく、境内の端に積み上げ置いて終わりだと教えられました。

なるほど、五月というのがポイントなのでしょう。

五月といえば田植えが終わる時期です。田植えが終わったタイミングで綱はすでに役割を終え、「もう特別なものではなくなった」のです。

穀物霊は移動する性質を持ち、刈り入れ後、秋から冬、藁に宿っています。田植えが完了した時点で、綱からこの霊的なエネルギーが村の田に移動し、役目を終えたのではないでしょうか。

こうして、役目を終えた綱はカミの宿っていたものから、単なる物に戻ります。これは消費期限が切れたカミの残りカスだったのです。

以上のようなことを、とっさに解釈したわけですが、それにしても話を聞いたおじさんにしてみれば私がなにを気にして、なににそんな必死になっているのかわからなかったことでしょう。

こうして現地の人との認識のギャップが出てくるのは祭の現場の醍醐味。おかしな祭に行ったらそこらのおじさんやおばさんに一声かけてみるべきでしょう。現地のおじさんはテンションがおかしなことになっているので、なにか素敵発言が出る可能性が高いです。

本章のタイトル「オレたちもこの祭がわからない」というのは、そんな現場から拾い出した言葉です。

子供と神の残骸

第四話◉カメラが壊れませんように。

～砂かけ祭～

場所　廣瀬大社（奈良県北葛城郡河合町）
時期　二月十一日

見物難易度	★★☆☆☆
危険度	★★★★★
セクシャリティ	★☆☆☆☆
わからん度	★★★★☆
奇祭深度	★★★★☆

世のなかにはわけのわからない祭が存在します。

ここで紹介する砂かけ祭は、写真を撮ろうとするとカメラがぶっ壊れる祭です。

JR関西本線の法隆寺駅から南に歩いて二十五分ほどのところ、大和川のほとりに廣瀬大社があります。大和川を含め五つの川が合流する地点で、地図を見ると川がロシア辺りの魔女の節くれだった手の指のような地形になっています。民俗学者というのは、こういう交通の要衝、交錯する点にはナニカおもしろいものがあるなと考える人種です。

二月十一日は、多く、田遊びの日です。いわゆる御田植え祭のこと。

神社でなされる田植えの模倣的行事のこと。時期は年頭になされることが多く、民間での新年の予祝儀礼として庭田植えにつらなるものである。御田植神事、オンダ（御田）、田遊びなどとも呼ばれる。行事は田植えの各段階が模擬的に演出される。島根県八束郡の客大明神のそれは正月七日になされ、氏子が餅をくわえ、尻をまくり四つ這いになり牛の所作をすると、他の一人がその尻を叩く。こうして田をすき、種をまく。東京板橋徳丸の北野天神の田遊びは旧正月十一日に、忌竹を立てたモガリと呼ばれる二間四方の庭で、町歩調べ・田うない・代かき・種まき・鳥追い・本田うない・太郎次とやすめの男女の役の抱き合う所作・田の草取り・清めの獅子舞・稲刈り・倉入れの順でなされる。

（桜井徳太郎編『民間信仰辞典』東京堂出版　一九八〇年）

だそうです。

つまりは田植えごっこをする日ということです。何故田植えごっこをしなければならないかというと、これから先一年間起こるべき事柄を予めごっことして演じることで、天候不順などによる不作を回避しようという考えなのです。これを予祝儀礼といいます。田遊びと呼ばれるだけあって、非常にお遊び性、エンターテイメント性が高い祭がほとんどです。

祭とは神を慰撫《いぶ》するものです。カミも人も楽しむのが祭なのです。

そのなかでもあるひとつの究極がこの「砂かけ祭」であります。

みなさんくれぐれも注意せよ。この祭、楽しいが油断すればカメラがお釈迦になること間違いなし、現に私のデジカメもやられました。

なにゆえにカメラが壊れるのか。その名のとおり砂をかけられるからなのです。

この祭の主役は砂男と地域の子供たちです。かっこいい覆面スタイルの「砂男」はシャベルを装備し、境内の砂をこれでもかと飛ばしてくるのです！　そして、子供たちは砂男に応戦し、砂を投げ返します。結果、子供たちも砂男も我々無辜《むこ》の見物も砂まみれになり、カメラは砂を噛んで死ぬのです。フォトジェニックとかインスタ映えとかいってる場合ではないのです。

見物だろうと関係者だろうとおかまいなしに砂をかけられます。すべてが終わった後、関係者席や社務所はおろか、本殿まで砂まみれで宮司さんがサイクロン型掃除機で砂を吸っているほどです。

なんとおそろしい。現代の祭のほとんどは、儀式性が薄らぎ地域のイベントとなり、さらにこれから、デジカメとスマホとＳＮＳの普及により、写真は「地域の名をネットで拡散させる

直後、砂の直撃を受ける

もの」に変質していくでしょう。そのような時代にあって、積極的にカメラの破壊にくる砂かけ祭のロックさたるや！

さて、この砂はなにもデジカメや自撮り棒が憎くて投げられるものではありません。撒き散らされる砂は、自然の雨風に見立てられたものです。容赦なく人を襲う砂は、暮らしを脅かす自然のパワーということです。

覆面の砂男は、匿名の仮面をつけた状態でその自然の力である雨風（砂）を人々にぶつけることを許された、自然の力の化身なのです。現世において道行く人に砂をぶつけるのは、砂かけ婆や天狗つぶて以外はあまり褒められたことではありませんので、これは特別に区切られた時間空間のなかで、個人の人格を喪失し匿名の仮面をかぶって「変身」しているがゆえに許される呪的な力の行使なのです。

砂男うしくんフォーム

さて、砂男は二段階変身をします。まず出現時には、牛の仮面をつけ、牛の鳴きまねをします。太鼓の音とともに牛の仮面を脱ぎ、砂男の姿となります。牛から風雨の化身になるわけで、いずれにしてもこれは常の者ではありません。

ところで、砂男のなかの人は地域の若者です。

荒ぶり、なだめられる砂男

「若」の字源は、神に憑依《ひょうい》され、トランス状態になり髪を振り乱しているシャーマンの姿です。

砂男になる若者は仮面をつけ、狭い視界で、祭の喧騒《けんそう》の中心にあり極度の興奮状態にあります。現に終了の太鼓が鳴って退場しかけているのに、空気の読めない見物のおじさんに目の隙間を狙って砂をぶつけられたところ、あわや喧嘩になりそうになり、付き人に止められている場面を目撃しました。これは軽めのトランス状態といっていいでしょう。

砂男は雨風の猛威を模倣する代役であり、それは雨風の力を振るう自然と疑似的に一体化している状態、つまりトランスポゼッションの状態にあるのです。

自然というものは言葉が通じません。「明日は東京さ行くからどうか雨も槍も降らないでくれろ」といったところで、降ったり降らなかったりします。これは困ります。

自然、死人、他人。

この世は言葉が通じない、コミュニケーション不能な存在に溢れすぎています。そういった難しいお相手といかに付き合っていくかという模索の歴史が、人類の歴史そのものでした。自然科学の発展は、自然現象を理解しようと観察してきたものでした。疫学の発展は、病とどのように付き合っていくか模索した結果です。

今の時代でも、未開の時代でも、それは変わらない模索です。どうしたらいいのでしょうか。コミュニケーション不能な存在を相手にするには、対象を具体化し、一時的にコミュニケーション可能な存在にひきずりおろし、おとしめてやればいいのです。そのために仮の姿として自然をヒトのかたちとするのです。仮面や覆面というのはそのためのツールです。個を奪い匿名となり、異形の面をつけることで、コミュニケーションが取れない自然の存在や死者を「見える化」しているのです。

また、匿名の「匿」の字源は、「若＝トランスする巫者」が仕切りにより隠されている状態です。匿名のものとなったとき、若者はなにかよくわからないカオスと一体化しているのです。

砂かけ祭のすごいところは、そのカオスとの一体化が砂男だけに留まらず、砂男と戦い、砂を投げる子供たち、流れ弾に巻き込まれる見物たちにもおよぶことにあります。

実際に参加してみるとわかるのですが、なにが起きているのかまったくわかりません。砂男はだいたい二人で出現します。放たれる砂から逃げて一息ついたと思ったら後ろから今度は白い砂男（白いのと黒いのがいるのです）があらわれます。砂男の近くにいるということは砂男からの攻撃と子供たちからの流れ弾を受けることになります。もはや前後左右上下どこから砂が飛んでくるのかわからない。最前線の兵卒とはこんな状況なのかと、自分もこの混沌とした祝祭空間に巻き込まれていることに気づきます。そして、大人の見物たちも砂を握り投げるのです。ここには自分では捉えきれない大きなうねりに巻き込まれ翻弄される楽しみというものがあります。

カタルシスとは、こういうことをいうのでしょう。

やがて太鼓の音とともに砂男が退場します。その後、巫女さんたちによる田植えの真似や、稲の代替え品である松の葉の束や餅撒きなどが続き、祭は終わります。

砂を投げたり投げられたりしていただけで、特になにを成したわけでもないのですが、なにやらやり遂げたような満足感が残ります。祭とは生命の更新、疲れた人とカミの生命力の再活性であるともいいますが、なるほどそれがはっきりと体験できるのは愛知県三河地方の「花祭」とこの「砂かけ祭」でしょう。花祭では釜で湯立てられたお湯をかけられます。巻き込まれるエクスタシーがここにも発生しています。

そして、壊れたカメラだけが残されます。

第五話◉

踊れ藁納豆

～カセドリ～

場所	山形県上山市各所
時期	二月十一日
見物難易度	★★★☆☆
危険度	☆☆☆☆☆
セクシャリティ	☆☆☆☆☆
わからん度	★☆☆☆☆
奇祭深度	★★☆☆☆

二〇二三年二月十日。東日本全域が大雪となった日でした。よりにもよってそんな日に私は東北に来ていました。妙なものを見るためです。

初めて写真を見たときから、その珍妙スタイルに心奪われていたカセドリを見る機会がやっと巡ってきたのです。

カセドリとはいわゆる来訪神行事の一種であり、上山市以外にも全国に何件か見られます。一年間の節目となる時期に人間の世界に訪れて、子供を脅したり、泥をつけてきたり、子供を袋に詰めたり、もてなされて一年間の豊穣を約束したりするのが来訪神です。男鹿のナマハゲや宮古島のパーントゥが特に有名でしょう。なかでも十件の来訪神行事は二〇一一年ユネスコの無形文化遺産に登録されました。

ユネスコに登録されたもののなかに佐賀県のカセドリがありますが、同じ名前でもその形態などは地域によって全然違います。

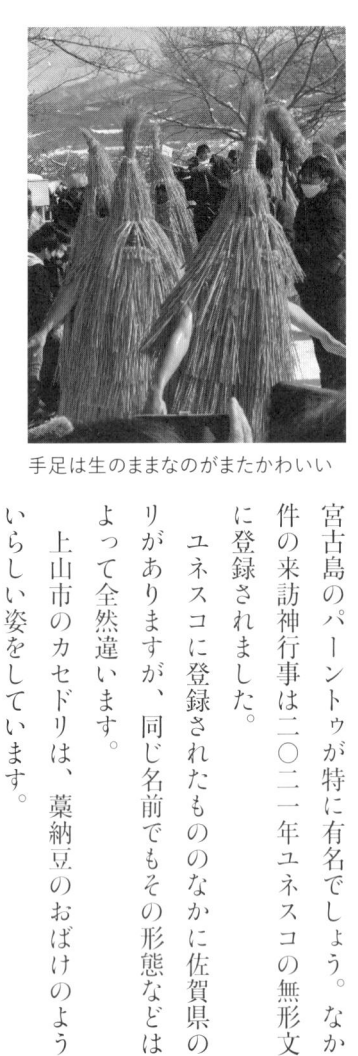

上山市のカセドリは、藁納豆のおばけのようなかわいらしい姿をしています。

手足は生のままなのがまたかわいい

翌日、昨夜の雪が嘘のように快晴となり、無事その姿を拝むことができました。

「カッカッカーのカッカッカ　もーちのとーしのいーわいはー　カセドリカセドリお祝いだそれカッカッカーのカッカッカ」と歌いながら、藁のかたまりがぴょんぴょんと跳ねて踊っています。この様子が実におかしい。藁でできた体に手足が短く見えるものだから、全体のシルエットはなにかの間違いで藁の子供に産まれてしまったペンギンのようです。しかもよく見ると、統一されたフォーマットのなかにリボンや手ぬぐいをつけて微妙に個性があるようです。このかわいらしい物体約三十羽ほどが「五穀豊穣火の用心。商売繁盛満作だ」と、この日一日中町内を歩き回り、そこら中でぴょんぴょんぐるぐるカッカッカとするのでした。一度のカセドリダンスで豊穣と火除けと商売繁盛がカバーできるのだからありがたいものです。「稼ぎのカセ」と「火勢のカセ」のダブルミーニングになっているのです。

藁のかたまりが踊っているところへ、周りで見物する子どもたちが、バケツに入れた水をひしゃくでかけています。これこそカセドリが火伏せである証拠です。冷たそうだが、藁の保温性というのは現代人が思っている以上に高いものです。かつての日本社会において、雨具にも屋根にも履き物にも敷物にも使われた万能素材は伊達ではありません。もっとも、万全ではないしカセドリのアーマーに覆われていない素足が出ている部分もあるのだが、そこは祭のテンションがなんとかするのです。見ているほうは寒い。

上山市のカセドリは比較的近年、昭和に復興して、現在の形に落ち着いたもののようです。これでは観光イベントであって、本義の祭ではないと思う人もいるでしょう。それはその通りなのですが、私から見ると、一周回ってそのイベントらしさがまた興味深い。

たとえば、カセドリの一羽が「奇習加勢鳥」と書いたノボリを持って歩いています。自ら奇習と名乗るのは奇妙です。地域内で世界が完結している時代であれば、自分らの祭に対し「奇」なんて語は出て来ません。奇なるものとは、ほかと相対化して初めて自覚的に見つかるもの。奇妙じゃない冒険がどこかにあるから奇妙な冒険もあるのです。奇習加勢鳥のノボリは、地域のけなげなアピールのようで実に味わい深い。素敵です。

そして、それら観光イベントの匂いを、全く消臭しようとしていないところに好感が持てます。カセドリのなかの人に他地域、それも東京から来た人や外国から来た留学生が入っていたりするのも、外部への意識あってのものでしょう。

極めつけにカセドリ部隊出発に際し、上山城の庭で、全てのなかの人の名をアナウンスで読み上げていたことに衝撃を受けました。世界的に見て、仮面行事、来訪神行事は、たとえ丸わかりであるにしても「中の人」と「カミ」は明確に区別して扱われます。演じるほうも見るほうも「カミ」部分にのみ目を向けるという強固なお約束があります。建前は大事なのです。ここのカセドリはそうした共同幻想をみなで作り上げるためのお約束を、自ら破壊しつつ、そして気にしていない。いっそ痛快です。

また、その視点でいえば、カセドリたちの出発が城からであるのも興味深いです。かつて城でカセドリダンスを披露した逸話にのっとって、現市長が城主役でカセドリたちを激励して送り出します。多くの来訪神のパターンでいえば、異形の者たちは山（ナマハゲ）、森（ヨーロッパ各地で見られる森の王、アフリカ南部ザンビア共和国のニャウ）、海（鹿児島県甑島のトシドン）など、人間のコン

自称奇習加勢鳥 雪の町を行く

トロールのおよばない向こう側＝自然の領域からやって来ます。生きた人間の政治的営みの中心であった城からやって来て、しかも顔を出して名前を読み上げる上山カセドリは、世界の来訪神行事でもレアなケースでありましょう。そういえば多くの来訪神たちは見物人に泥をつけたり、尻を叩いたり、家になだれ込んだりとヤンチャするのですが、その点カセドリは歌って跳びはねるのみで、無害なかわいいだけの存在です。

ところで、ほかの藁を使った大人形や藁蛇などとの比較で気になったものだから、カセドリの外部装甲は祭が終わったらどうするのかと尋ねてみました。カセドリの皮は毎年同じ物を補修しながら使い続け、ベテランカセドリャーともなれば専用機が決まっているそうです。なんでも新しいものでは藁がちくちくして、なかの人はかゆくてたまらないらしい。年季が入ったカセドリの皮であれば藁が落ち着き、そうでもなくなるのだといいます。カセドリは実にかわいいので、いつか皮をかぶってみたいと思っていましたが、敏感肌なのでやめておきます。

カセドリの皮

第六話◉

もうなにもわからない。

〜ゲーター祭〜

場所	神島（三重県鳥羽市）
時期	一月一日　日の出前
見物難易度	★★★★★
危険度	★☆☆☆☆
セクシャリティ	不明
わからん度	★★★★★
奇祭深度	★★★★★

世のなかにはわけのわからない祭が存在します。

ゲーター祭こそは、我が人生において最高にわけのわからない祭でした。

由来一切不明。意味一切不明。わかっているのは、元日早朝、輪を竿でもって突き上げ、そして叩き落とす祭ということくらい。もうなにもかもわかりません。

三重県鳥羽港から船で四十分ほど揺られると神島という離島にたどり着きます。ぐるりと歩いて一周二時間ほどの小さな島で、今もこぢんまりとした漁村の風情が残っています。三島由紀夫の小説『潮騒』の舞台にもなりました。

祭は元日の早朝に行なわれるので、前日の大晦日、船があるうちにこの島に渡っておく必要があります。この島では節分を大晦日に行ないます。暗くなり始めると、島の要所要所に小魚を刺した棒と柊《ひいらぎ》をお供えし、バケツに入った豆を撒きながら歩く集団が見られます。

さて、早朝、日が昇る前から、まだまだ暗いなか細長い女竹の竿を持った男たちが港に集まって来ます。夜に紛れ姿は見えにくくとも、竿が地面をかさかさかさと引きずり擦れ合う音が気配として感じられます。

人の気配が、だんだん増えていきます。

そして、前夜のうちに作っていた「輪」が四人の男たちに担がれてやって来ました。男たちは真っ白なつなぎを着ていて、さらに日の丸鉢巻で、ほとんど昔のヤンキーの服のようです。

このグミの木で作られた輪は「アワ」と呼ばれています。由来は不明です。

五人ほどでヨイショヨイショといいながらアワを四方からぐいぐいと押さえつけ圧迫する動きを数回繰り返しますが、なんの意味があるのかはまったくわかりません。

気がつけば、四十人ほどが竿を持ってアワを包囲しています。島中から住人と帰省してきた若者が集まってこの人数です。

そして、寄ってたかって地面に落とされた輪を竹竿で突くようにして持ち上げ始めます。

細い竹の擦れ合う、かさかさかさというどでかいエビかなにかの怪獣が動いているような音。

すべてが謎に包まれた祭

荒波に揉まれるように、右へ左へと翻弄されながら、輪が空へと持ち上げられていきます。ちょうど空が白み始めるなか、輪は蠢《うごめ》く竿の頂点に登り……、そのまま竿で叩き落とされるのです！男たちの何人かがすかさず落ちた輪を回収。全速力で山のほうに走り去って行きました。

……なんなのでしょうこの祭は。

今振り返ると、自分が祭を見たのか、なにを見たかさえよくわかりません。

この輪が空に持ち上げられきった瞬間こそが、祭の最高潮。戦前の調査では、住人は輪のことを日輪と表現しています。天の太陽を一度落とすことから天皇が二人いた南北朝をデフォルメした祭とか、竿が輪を持ち上げる形からこの祭は富士信仰であるとか、ゲーターの名の由来は台湾語だとか、色々妄想されることでありますが、この祭はなんであるかまったく不明のまま、やっている人たちもなんなのかわからないまま続けられてきたものです。

元旦の日の出前に円状のものを持ち上げて落とすというのは、古い太陽の死と再生を読み取れてしまうのですが、まだまだおもしろみが足りない解釈だと思います。

それにしても、背景が一切伝わっていないという前提があると、逆にいくらでも好きに解釈をしていいということで、かつての柳田國男やフロイトのように無限の連想ゲームと言葉遊びに浸ることができていいですね。フロイトといえば、このゲーター祭もひらいた輪のなかに棒状の竿を突き入れることで、性的な解釈をする人もいるようです。

その後、男たちは周囲から投げ込まれた「サバ」と呼ばれる円筒状に削られた木を奪い合い、手に取った者は全速力で島の山の上にある八代神社まで駆け上り参拝します。社の前には運ばれてきた今年のアワが、通り抜けフープのように奉納されています。昨年の輪は境内の端に置かれていました。

こうして、元日、早朝の七時前にゲーター祭は終わります。

祭というものは文章ではなく、現場に行かないと実際の熱量はわかりませんし、わけのわからなさというのも実際に見てみると、もっとわけがわからなくなったりします。

二〇一八年、ゲーター祭は担い手不足から休眠しました。現在は子供たちの希望により、「子どもゲーター祭」という形で再現し、祭を伝承する回路を繋ごうとしているようです。この手の祭は一度中止になるとそのままなし崩し的に無期限休眠になる可能性があります。祭は定期的に行なうことで祭にかかわる知識や管理技術を伝承していくメカニズムがあり、そのテンポが崩れることはイエローシグナルなのです。ちょっと油断すると簡単になくなってしまうのです。わけのわからない祭をわかんねーと言いながら眺められているうちが幸いというものです。

そして、ゲーター祭のように、消えていった祭や「ますように」に使われていた信仰用具たちと情報が最後に流れ着く場所が博物館です。

そこには私たちの知らなかった世界の断片が採集・展示され、そして蔵されています。採集物たちはかつてあった現場本来の文脈から切断され、一展示物としてセカンドライフを送っているわけです。しかし展示物を見ていると、物そのものの持つわけのわからない存在感は未だ立ち上り、生命力を維持しているようにも思えます。

そんな現役を退いた物たちは、今も収蔵庫の奥で息を潜め爪を磨き、長い潜伏期間の果てに、人々にわけのわからなさパンチで我が存在を思い出させることを企み続けているのです。

今はもう誰もこの輪の正体を知らない……

断章

逆襲のアマビエ
病が流行れば呪術も流行る

二〇二〇年、未曾有《みぞう》の新型コロナが流行してから祈りは周縁的トピックではなく、社会に共有される大きな話題の一部となり、不安とアマビエが蔓延しました。

そう。あのとき、人々は閉じ籠もった家のなかから、アマビエという「薄皮」一枚を隔てることで、いやな現実と相対したのです。果たしてアマビエは現代における流行神現象といえるのか、いえないのか。

まめ知識

ちまたのちまきその他

ぼくの好きな魔除けたち。あの奇妙なまじないたちは今も誰かの家の戸口にいて、近代化したつもりの通行人を醒めた目で見ているのです。

蘇民将来／ちまき

蘇民将来とは人名。旅の途中の牛頭天王（八坂神社・祇園神社系の祭神。とても力の強い凶暴な神とされ、疫病神達の王とも）を家に泊めた男。このときの礼として蘇民将来の子孫の家には疫病神たちが入らないことを牛頭天王が約束したため、疫病除けとして家の戸口に「蘇民将来子孫家也」などと書いたり、ちまきを吊したりする。

特に京都では祇園信仰の総本社である八坂神社があり、夏の祇園祭も盛んであることから、蘇民将来はよく見られる。コロナ禍を受けて四条通のアーケードに巨大な蘇民将来のちまきが設置された。

角大師（元三大師）

骨めいた身体に、いい笑顔と長ーい角を誇る鬼みたいな絵が描かれたおふだ。実は平安時代の比叡山延暦寺座主・良源の姿を写したもの。夜叉に変身して、疫病や災害を防ごうと誓ったおふだ界のスター。故郷の滋賀県長浜市玉泉寺では、コロナ禍を受けて、昔の版木から古い絵柄の角大師が復刻された。

茅の輪

六月末、夏越しの祓で用いられる。チガヤまたは藁で作ったこの輪をくぐると半年分の罪穢れがリセットされて、なんかいいとされる。地域によっては神社に設置された茅の輪から落ちたあるいは抜いたチガヤでミニ茅の輪を作り、戸口につける。

コロナ禍の京都では、百四十八年ぶりに八坂神社境内に緊急茅の輪が設置され、新たにミニ茅の輪をつけた家も散見された。

喼喼如律令

まじないの定型句。魔除けとして手書きして貼る。コロナ禍で祇園祭の山鉾巡行を中止した各山鉾町は、ちまきや手ぬぐいやお守りなどの授与だけを行なったが、郭巨山《かっきょやま》町は「喼喼如律令《きゅうきゅうにょりつりょう》疫病退散」の御朱印を新たに作った。

十二月十二日

泥棒除け。十二月十二日は大泥棒・石川五右衛門が釜茹でにされた日。屋根から家をのぞき込む泥棒の目線に合わせて逆さまに貼る。家の外以外にも家の窓の内側に貼るなどのバリエーシ

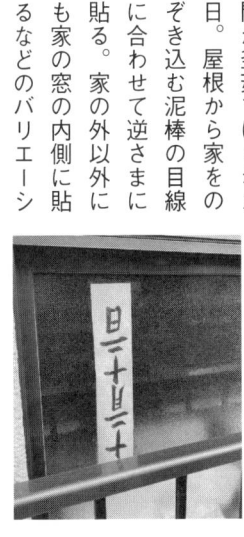

ヨンがある。子供が下手な字で書いたほうが効果があるという人もいた。

炭

五山の送り火の炭。送り火の後、残り炭を持ち帰りお守りとする。戸口に掲げられたものは紙に包まれていたり、裸だったりする。なお、送り火は二〇二〇年、二一年ともに感染症対策として見物客が出ないよう大幅縮小。ちょっぴり木を燃やすだけで字を作らなかった。

わらじ

おそらく山伏か比叡山僧呂のわらじ。奈良県大峰山などの霊峰で行を終えた山伏の履いたわらじにはそれ自体に力が宿るとされる。修験霊場になるほど険しい山を宗教者とともに踏破したわらじはそのものが既に特別なのである。境界を越えて霊峰という異界に行って帰って来たわらじだから、境界を越えて家のなかに入ろうとする邪悪なものを防ぐ発想なのかもしれない。

同じくかつての京都では、今宮神社のやすらい祭で登場する鬼にわらじを履いてもらい、それを家に持って帰り、戸口の魔除けとしていた例もあった。生存例を探しているが、未だ見つからない。すでに途絶えたまじないかもしれない。

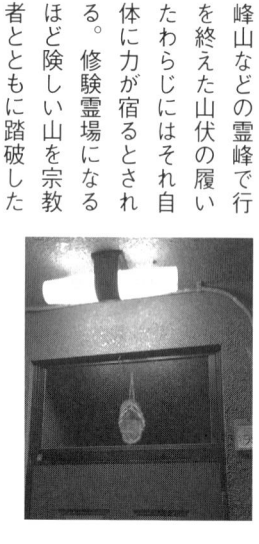

ナザル・ボンジュウ

京都の家でこれを戸口にかけているのはちょっとすごい。iPhoneで「まよけ」と打つと謎の青い目玉の絵文字が出るけど、こいつのこと。トルコの有名な魔除けで土産物としても人気。

なのだが、起源は不明で、イスラームの教義的にも否定する人もいる、なんだか変な立ち位置にある。よくないことは精霊や他者から「邪視」を向けられたためと解釈し、より強い「目」のモチーフや目をそらしたくなるような下ネタお守りを「邪視除け」に使う。トルコには、このナザル・ボンジュウをメインの産業とするナザル・ボンジュウのふるさとがある。

来歴定かならずそして多分実はそんなに歴史も古くないこれが「まよけ」の代表例として世界共通の絵文字に採用されるのだからたまらない。

百鬼夜行

まじないは表現行為だ！ 思わぬアレンジをするクリエイターもいたりする。稲生物怪録と妖怪博物館で有名な広島県三次市。その公共トイレ。カラス除けめいて吊されたCD。なぜか「百鬼夜行」と書かれている。きっとなにかの魔除け。多分。

疫病と「ますように」あるいは令和アマビエ流行記

採集地▼だいたい京都市内

アマビエの氾濫

孫と一年会えていないおじいちゃんがいた。

おじいちゃんは京都・六角堂の近くで趣味の流行らない喫茶店を営んでいる。おじいちゃんの喫茶店はメニューがコーヒーしかない。味は普通。喫茶店というよりも家の一部と呼ぶのが正しい気がする。なんせ入口が玄関にしか見えない。

その玄関から店内のようすはまるで窺い知れず、「ＯＰＥＮ」の四文字のみがそこを営業している店と知らせる。

その玄関に、クレヨンで描かれたアマビエがいる。

唯一のメニューであるコーヒーを飲みながら、あのアマビエはどうしたのと聞いた。

「大阪におる幼稚園の孫が描いたのを送ってきたんや」と、おじいちゃんは嬉しそうにいった。

「なるほどねー」などとおじいちゃんの世間話に付き合いながら私の心中は穏やかなものではなかった。

このおじいちゃんとお孫さんから、なにやらすごい問題を突きつけられたような、それも、おのれの器を量られるようなクリティカルな問いかけをされたような、そんな気分であった。コーヒーの味はやはり普通。二〇二一年三月のことである。

アマビエよ。お前は一体なんなのか。

『現代用語の基礎知識（二〇二一年版）』（自由国民社）にアマビエの項目がある。二〇一九年まで、確かにアマビエは知る人ぞ知る妖怪にすぎなかった。一部の注目にしても湯本豪一氏、常光徹氏らなどの予言獣研究の一部分程度の妖怪だった。あと、水

木しげるの『日本妖怪大全』（講談社　一九九一年）のなかで「アマエビ」と間違えられていたのがよくネタにされていた。

それが「現代用語」として採録されること自体あまりに異常である。ふだんであれば大丈夫か現代社会と軽めの皮肉でもいうところだが、社会が大丈夫じゃなかったからこうなったのだ。

新型コロナウイルスが蔓延するなか、SNSなどで注目されたのが疫病をおさめるといわれてきた妖怪「アマビエ」。その姿は、大きなくちばし、そして長髪、うろこのついた身体、三本の足が特徴的、江戸時代後期、肥後の海中からあらわれた怪物が「これから豊作が続くが、それと同時に疫病が発生するので、自分の姿を描くように」と告げたとされている。描き残すことで終息を願ったという伝説がSNS時代にフィットしたのか、数多くのアマビエの姿が投稿され、関連グッズや書籍なども発売された。厚生労働省の啓発アイコンとしても「知らないうちに、拡めちゃうから。STOP！　感染拡大」とのスローガンとともにアマビエが使われた。厚労省のツイッターには「アマビエをモチーフに、若い方を対象とした啓発アイコンを作成しました。自分のため、みんなのため、そして大切な人のため、できることを私たち一人ひとりがしっかりやって、ウイルスの感染拡大を防ぎましょう！」ともある。対策に尽力すべき官公庁が、こういうはやりに乗っかったことへの疑問の声もぶつけられた。

だ、そうです。

よくまとまっていて、一部の妖怪ファンが抱くモヤモヤした感情が籠もらない、世間一般から見たアマビエ認識がよくわかる。

細かい点でいくつか気になる部分がある。

まずは「疫病をおさめるといわれ」の部分。別におさめるわけではない。アマビエは「六年豊年になるけど、そのあと疫病が流行るから、そうなったときは我の姿を写して人に見せよ」といったのであり、見せたからどうなるとか、疫病に対してなんらかの働きをしてくれるみたいなことはいっていないのである。

貼ったのに疫病にかかったじゃあないかと追及しても、そんなことは約束しておりませんがと言質をとらせない政治家のような巧妙さがある。

さらに重要なのが「いわれてきた妖怪」や「告げたとされている」や「願ったという伝説」などのニュアンスの言葉である。

見つかっているアマビエの事例は、京都大学附属図書館にある一枚の紙だけであり、ほかに資料もなければ、あるいは江戸の妖怪絵本や怪談集に書かれたり、地方誌に書かれたりもしていない。もちろん伝説として誰かが伝承を繰り返してきたわけでもないし、柳田國男が採集したわけでもないのである。伝わってきた妖怪ではない妖怪なのだこいつは。

これらは『現代用語の基礎知識』編集者の不備ではない。むしろ、多くの人のアマビエに対するおおまかな認識を拾った結果こうした表現に落とし込まれたと観察するべきだろう。

官公庁が乗っかったことについては、個人的には迷信（伝わっているものではないからこの表現は的確ではない）らしきお遊びに、安易にお上が手を出すべきではなかったと思う。アマビエを知らないままに拡めちゃったのはお前らのほうだろうといいたい。とはいえ、歴史的なトピックとしては正直興味深い。

戸口の外を疫神がうろつくようになり、最初の緊急事態宣言が発令され、ネットではアマビエがうろつくようになった時期のことである。

生きたアマビエを探そうと思い立った。

ある程度の目算があった。当時の社会状況とアマビエの勢力拡大状況からみて、歴史上初めて本当にアマビエを「実用」する人間が確認できるだろう。そして、それは蘇民将来や大文字山の炭や十二月十二日の泥棒除けなど、未だ戸口に掲げるまじないが生きている京都であれば、なお確率は高くなるだろうと。

京都の中心部はまっすぐの通りがいくつも東西南北を走り、いわゆる碁盤の目になっている。そこで私はまず一本の通りをアマビエを探しながら歩くことにした。不要不急の外出自粛中の買い物がてら、マスクをして歩いたり自転車で走ったりしながら、人の気配があまりにもかすかになった京都の町をただまっすぐに探索した。必要至急の調査であったと言い張りたい。昨日は千本通。今日は御前通。明日明後日は不要不急の外出はやめて次は散歩のついでに六角通。なんの手がかりもなく、ローラー作戦する人手もない。そうそうターゲットが見つかるわけはなく、疲れるだけで特に楽しい作業ではなかった。探偵ナイトスクープに依頼しようかと思った。町々の地蔵の写真はあつまった。

以下はそうした探索のなか、私が出会った生きたアマビエたちである。基本的にグッズや商品などは除いた。

これは民俗資料ではなく、疫神とアマビエに翻弄された男の当時のライフログとしてあえて主観的に記そうと思う。後世、二〇二〇年代のコロナ流行期、アマビエが流行ったという情報に、ちょっとだけスパイスを残しておきたい。実施した人たちの内心や認識はともかく、あらわれた動態として「アマビエが本当に使われた」事例もあったのだと。

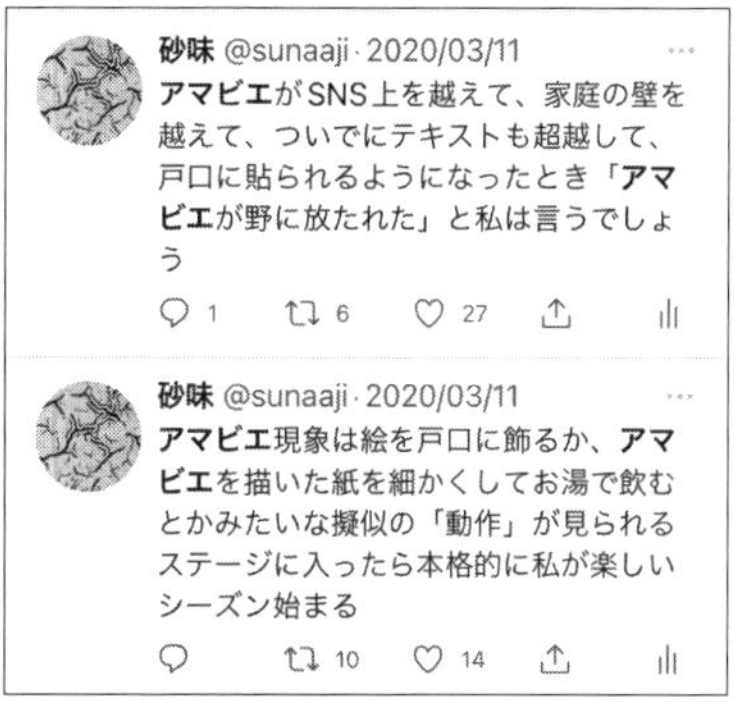
砂味 @sunaaji · 2020/03/11
アマビエがSNS上を越えて、家庭の壁を越えて、ついでにテキストも超越して、戸口に貼られるようになったとき「アマビエが野に放たれた」と私は言うでしょう
1 6 27
砂味 @sunaaji · 2020/03/11
アマビエ現象は絵を戸口に飾るか、アマビエを描いた紙を細かくしてお湯で飲むとかみたいな擬似の「動作」が見られるステージに入ったら本格的に私が楽しいシーズン始まる
10 14

コロナ禍ますように観察日記

注：これらは私の観測範囲によるもので必然的に京都市内に情報が偏り、またおふだなどに関しても見つけた時期で表記している。

▼二〇二〇年

一月十四日　ＷＨＯが新型コロナウイルス確認の発表。

二月二十七日　全国一斉休校要請。新型コロナに絡めてアマビエに言及する最初のツイートが呟かれる。

三月五日　「いらすとや」アマビエのフリー素材公開。

三月六日　京都大学附属図書館、所蔵資料「アマビエ」の瓦版をツイッターに投稿。ここから拡散が始まる。

三月十日　フジテレビ『とくダネ！』がアマビエを紹介。

三月十一日　京都市
アマビエの「実用例」を探し始める。手始めに疫病除けの代名詞である八坂神社へ行ったところ、疫病除けのため設置した、季節はずれ（本来なら六月）の茅の輪を目撃。なお、これは明治十年のコレラ流行から百四十三年ぶりの緊急茅の輪である。流石。

三月十二日　「アマビエ」がツイッターのトレンド入り。時事通信が記事化する。
疫病鎮めで知られる今宮神社で、今年のやすらい祭について聞き取り。このとき神社の人の口から「本義」という単語が出る。また「疫病退散百毒不侵」と書かれた絵馬を見かける。

四月三日　京都市　今宮神社。疫病鎮めの行事である「やすらい祭」中止のお知らせ。

四月七日　全国的な緊急事態宣言発令。

四月九日　厚生労働省アマビエロゴ公開。

四月十四日　京都市
三条の洋品店ショーウィンドウにてアマビエタペストリーを発見。

四月十七日　疫病除けを起源とする祇園祭の山鉾巡行中止の報。やはり運営者らの会見で「本義」という語が出る。八坂神社だけではなく、祇園祭の実行主体である町衆側にも、祇園祭の由来などがよく共有されていることが窺える。代表者らを集めた会議では「疫病退散が本義なのにやらないでどうする」との発言がでたという。

コロナ禍のなか、祭・行事は集客イベントの要素を切り離し、根本にある地域の祭礼としての本質を問い直すことになった。どこが省略できてなにが必須か、祭の在り方の輪郭を新たに明確化する作業を強いられた。

四月二十二日　京都市
縁切りで知られる安井金毘羅宮にてアマビエ絵馬三枚発見。手描きのアマビエ奉納物はこれが初観測。「神恩感謝」「アマビエに願いを」などと書かれており同一グループの奉納と思われる。痛絵馬などと近い流行のキャラ扱いとも取れ、信仰になったといえるかどうかは判断に悩むところ。アマビエに願いを託していると表現はできそう。祭神の崇徳天皇のお気持ちを聞きたい。

五月六日　京都市
自宅の町内回覧板に厚労省素材のアマビエ。「若い皆さんにお願い！」というセリフとともに使われる。我が家の敷居をアマビエにまたがれる。

五月八日　京都市

民家の戸口。厚労省アマビエを利用。「配達員の皆様いつもありがとうございます。コロナに負けないように願っております」、このアマビエは願いを向けるものではなく、人対人のメッセージの仲介を担うものである。

五月十八日　京都市

清水道の休業した雑貨屋。独自アレンジの猫というアマビエイラスト。印刷物。

五月二十四日　京都市

八坂の塔下の雑貨屋。ガラスにマステでアマビエ。アマビエワッペン販売。

五月二十五日　京都市　緊急事態宣言あらかたの自治体にて解除。

五月二十八日　京都市

京都市立中央図書館に切り絵のアマビエ。ビエーと鳴いている。本の福袋の説明にアマビエ。手作りのアマビエ栞プレゼント。大攻勢。

五月二十九日　京都市

焼き鳥屋の引き戸にアマビエ発見。印刷物。

六月三日　京都市

東山にてアマビエのおふだ（印刷物　兵庫県廣田神社配布）を貼っている民家を遂に発見。アマビエが野に放たれた。この時点で、私のなかでは、新たな民間信仰のひとつとして観測ステージが変化。

六月二十二日　京都市

安井金毘羅宮。水木アマビエをほぼそのまま写した絵馬。えらく気合いが入っている。

六月二十二日　京都市

六道。とうとう手描きのアマビエを玄関に貼る民家

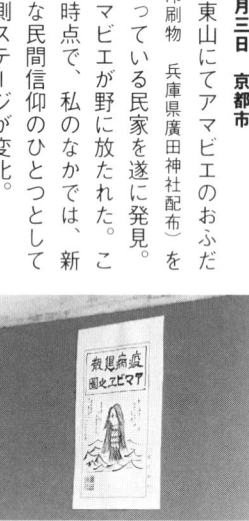

を発見。テンションが上がる。一番趣深い絵。子供めいた作風で、アマエビと間違えられているのがよい。生命力を感じる。

六月二十七日　兵庫県姫路市

兵庫県立歴史博物館の特別展「驚異と怪異――モンスターたちは告げる」見学。京大附属図書館所蔵のアマビエオリジンを見る。なお、予言獣をキーワードとした当展示での出品はコロナ禍前から予定されており、学芸員・香川雅信氏の未来予知が働いたと関係者間で噂になる。

七月十五日　京都市

本来であれば祇園祭の宵山が始まる時期。山鉾は建てないものの、いくつかの鉾町で厄除けちまきだけ授与される。

七月二十四日　京都市

祇園祭の御神輿渡御の代わりに、神馬による巡行が少人数で行なわれる。参列者らは蘇民将来と書かれた特製マスクを装備。

八月十四日　京都市

休業した外国人向け日本語スクールで手描きアマビエ発見。なぜか人魚にアレンジ。アマビエに関する情報が変質していることが窺える。

九月二十二日　京都市

武信稲荷神社にて奉納されたアマビエ絵発見。

九月二十四日　京都市

民家の玄関にて下京警察の配布したアマビエのおふだ発見。疫病犯罪退散、疫病詐欺退散、疫病事故退散の三種類。疫病退散と警察がいってしまうことへの微妙な抵抗が感じられてかわいらしい。京都府警察は「若い人への啓発を狙った」とコメントしており、アマビ

アマビエとアマビコが描かれた石。三次市は「湯本豪一記念　日本妖怪博物館」を擁し、湯本氏はアマビエら「予言獣」にいち早く目をつけていた第一人者である。アマビエはアマビコの写し間違いだろうとする説が主流。三次市民の予言獣リテラシーは高いようだ。

別の民家。切り抜いたアマビエを竿につけて軒に吊す。手が込んでいる。蘇民将来もあり。なお、この辺りの氏神は牛頭天王を祭神とする太歳神社であり、古くから祇園信仰があった。この地を舞台とする稲生物怪録にも祇園信仰の影響が指摘されている。

十二月八日　京都市

おじいちゃんのアマビエ発見。のちにくわしく話を聞く（本文冒頭事例）。

十二月九日　京都市

床屋にて小さいアマビエぐるみ。テレビを観てアマビエを知った奥さんの手作りであった。

十二月二十四日　京都市

京大近くの文具店にてアマビエ絵発見。

▼二〇二一年

一月八日　第二次全国的な緊急事態宣言。

二月二日　京都市

壬生寺節分で炮烙にアマビエを描いている老夫婦目撃。新撰組ばかりが有名だが、壬生寺では節分に素焼きの皿＝炮烙に家族の名前や諸願を書き奉納する風習がある。

三月十四日　京都市

大河ドラマ「青天を衝け」にてコレラ流行の場面でアマビエのおふだが軽く登場する。こんな歴史的事実はない。

三月二十一日　第二次緊急事態宣言おおむね解除される。

四月一日　京都市

古い電気屋のシャッターにビームを放つアマビエ発見。小説家・峰守ひろかず氏の指摘により、熊本の業者のアマビエクッキーについているおまけの塗り絵だと判明。お菓子のおまけが実際に塗られて貼られる「実用品」となった事例である。

四月十一日　京都市

玄武神社。昨年に続きやすらい祭の巡行中止。代わりに花傘だけを境内に立て、参拝者が各々入る疫病除けセルフサービスシステムを開発。

四月十五日　京都市

京大附属図書館のアマビエオリジンを文章ごとコピーし

て貼る家を発見。しかも向かい合わせの家同士、両方貼っている。

四月二十五日　第三次全国的な緊急事態宣言。

六月十三日　京都市

幕末から続く老舗画材屋の軒先に絵師の墨絵アマビエ。上手。

六月十七日　京都市

祇園祭の山鉾建てを十八箇所で実施の報。巡行などはなく、技術継承のためであり観覧を控えるようお願い。

六月二十日　第三次緊急事態宣言ある程度解除される。

六月二十四日　京都市

京都市京セラ美術館「古代エジプト展」内にて、癒しと破壊の獅子頭女神セクメトを「古代エジプトのアマビエ」と紹介するキャプション。マジカルバナナだったらアウトになるくらい繋がりが遠すぎる。また「おたいさんのかわらせんべい」としてエジプト壁画風アマビエのかわらせんべいが売られる。

六月三十日　京都市

高松神明神社。茅の輪にアマビエ。いつの間にかアマビエのおふだも授与されるようになっていた。祭神は疫病となんの関係もない。

七月一日　京都市

通りすがりのおばちゃんの自転車に下京警察アマビエシール。二〇二〇年のものがシールになってまた配布された。おばちゃんから余っていたアマビエシールをもらう。

七月十二日　第四次緊急事態宣言。

九月三十日　緊急事態宣言だいたい解除される。

十月二日　京都市

下京警察アマビエステッカーを貼ったタクシーに遭遇。警察が配布したことでアマビエの生息域が広がったのを実感する。

十一月三日　京都市

S大S教授の研究室に教え子の子供の手描きアマビエ。S教授は妖怪や民俗の研究者ではない。

十一月十二日　栃木県足利市

諸星大二郎展と調査のため訪れた足利でぶらりと入った店。店内に四つだか五つのアマビエがあり包囲される。

十二月三十一日　京都市

八坂神社付近の居酒屋。祇園祭で使われた蘇民将来マスクを戸口に貼る例を発見。ついにマスクまで戸口のまじないに昇華された記念すべき瞬間。しかも茅の輪と合体している。人類の豊かな発想を感じる。

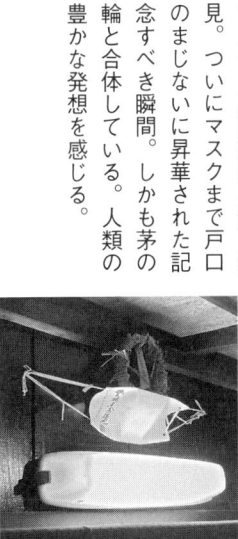

呪術の逆襲

改めて振り返り、群れなし襲ってきたアマビエに対して自分なりに思う。

呪術はときに由来をパワーソースとする性質がある。

端午の節句に浸かる菖蒲の湯は、菖蒲が鬼婆を退けた「山姥と牛飼い」などの「リソースとなる物語」がある。「十二月十二日」の泥棒除けのおふだは、その日に泥棒の頂点・石川五右衛門が釜茹でにされた日という「物語」があるから泥棒がおそれる。蘇民将来についても同様に、まじないが力を持って成立する由来の物語がある。物語が先か呪術が先かはともかく、「物語」は呪術の効き目を担保し、説得力を高める作用を持つ。

ただ単に紙一枚お出しして、こいつはなんか特に背景とかないけど、幸運を招いたり疫病を除けたりするんだ、さぁ金を払えといっても、誰もその呪術にかかわろうとは思わない。私がここで呪術が物語をリソースにするといっているのは、この説得力の部分である。

むろん例外はあるが、物語と呪術と実際の物品は相互に作用しあい、その力を高め、人々に受け入れられていく。

アマビエの場合、物語というほどの物語はない。なんならアマビエの原典に立ち返れば、疫病に対して有効ではなさそうだ。

それが違ったのだ。アマビエは原典ではないところから、リソースとなる物語を引っ張ってきていたのである。

今回アマビエは「昔（適当）、こういう古文書があり（らしい）、こういうまじない（適当）があったらしい（知らんけど）」と人々に受け入れられ、「昔（こういう資料が）あったらしい」という情報を「言い伝え」と変換してしまうことで、その疑似記憶的過去を呪力のリソースとしたのである。

それは我々の持つ大雑把な「昔観」に寄生して成長したとも表現できる。

結果、ごく一部の人間を除き、こんな認識になった。すなわち、

「アマビエの疫病除けが効くなんて信じてないけど、アマビエというまじないがあったと信じ込まされている」

アマビエは昔からあったおまじないらしい。そんな物語が、単なる遊びから逸脱するエネルギーをアマビエに付与した。これこそがアマビエの大いなる詐術であり、呪術としてのアマビエのパワーソースなのだ。

かくして情報の伝播にともなうデフォルメ、安易な拡散をするメディアや役所、そしてそれら世間話を享受する我々の共犯により、アマビエは現実世界に侵攻するだけの力をつけていってしまったのである。

なぜこんなにも人々にアマビエが求められたのか。

いうまでもなく、疫病という異常状況があってのことだが、それではなんの説明にもなっていない。

色々な「ますように」を眺めてきた結果、現代の呪術は人の「無力感」から立ち上がって来ると私は考えている。大震災。パンデミック。そして戦争。これら圧倒的な現象とそれが生み出す悲しみの物語に対し、一個人はなにもすることができず、不安状態を解除するために「なにか自分にもできないか」と探し始める。

その結果、募金やボランティアなどの活動に繋がることもあるし、助けになるかもと情報拡散したらデマだったなんてこともあるし、自分にしか見えない闇の勢力の企みを看破してしまうこともある。

そうした無力感の受け止め手のひとつが祈りである。この状況、この悲しみに対して自分はなにもできないけれど、せめて神なりなんなりに祈りを向ける。そうした効き目があるかないかはおいといて、せめてなにかしたい、なにかいいらしい。という、無力感からの心の避難所がまじないなのである。この避難所は専門家の指示にしたがい、用法用量を守ってご活用ください。

多くの人が実感していると思うが、新型コロナ流行期、目に見えぬウイルスの跋扈《ばっこ》と、社会の見えぬ先行きに対する不安とともに、不確定情報やデマや陰謀論が世界に溢れた。

そうした目に見える地雷と目に見えぬ地雷だらけの荒野と化したネットのコミュニケーション空間において、最初からフィクションであり、なんのプラスの働きもマイナスの働きもないと、始めから共通認識（たぶん）が持てるアマビエは、安心して遊べるちょうどいいコミュニケーションツールであった。

不安のなか、ささやかな楽しみを共有する人類の営為である。それはある種のメディアであり、やがてネットの外へ出て、さらには家の外へとにじみ出していった。

アマビエを玄関に掲示する行為は、疫病除けであり、「疫病除けのまじないごっこ」でもあるわけだが、それ以上に表現行為であり、コミュニケーションであったと思う。

人がいない異常な姿になった町だけれども、自分はまだここにいるというメッセージを数少ない誰ともしれない通行人に訴える、受信者不特定のモールス信号のようなものだ。密の名のもとに切断された繋がりを再設定しようとする、返信を期待していない交信といえるかもしれない。

冒頭に記した「おじいちゃんのアマビエ」事例はアマビエが人を繋ぐ例にほかならない。休業した店は休業していても自分たちはまだここにいることをアマビエで示した。感染対策を頑張りながら営業する店にいたアマビエは、ウイルスと社会状況に負けずに頑張っている、また自分たちは最低限ウイルス対策に気を遣っている、というメッセージを持つ。新型コロナが存在しない、あるいは新型コロナをおそれない店と違い、アマビエを掲示する行為は、新型コロナを認め、おそれ、注意している態度表明の広告になり得たのである。

アマビエに託された祈りはシンプルな疫病除けではない。おそらく人々が願っていたのは日常性の回復である。疫病がどうにかなることも含まれるが、真に欲しいのはその先の、おじいちゃんと孫が会えたり、大切な人の葬式に行けたり、調査旅行に行けたり、飲み会で誰かの恨み言を聞く、かつての日常である。

そういえば、コロナ禍の最中、寺社の狛犬や、町なかの像などにマスクをつける現象がよく見られた。不穏な状況にあると人間ちょっとおもしろいことをしたくなるようで、そのちょっとおもしろい行為こそが日常回復への祈りと隣り合っている。

八坂神社の蘇民将来マスク因幡の白兎像

第三章

あの世のぞき見紀行

あの世は案外、そこら辺によくあるのです。富士山、善光寺、箱根、熱海、高野山、熊野など、古代からのあの世と観光地はシンクロし、人々を惹きつけてきました。生者は、かりそめのあの世で、死者の安寧《あんねい》と現世利益を祈るのです。死者と日本人の関係は、おそれながら、親しみながら、ときに活用しようとするしたたかなもの。「安らかでありますように」と祈るのは、果たして誰の救済か。

第一話◉

あの世がありますように
～手段を選ばぬお弔い～

採集地▼川倉賽の河原地蔵尊（青森県五所川原市金木町）／恐山（青森県むつ市）

あの世がありますように。

そんな願い事を口に出している奴なんて見たことがありません。

しかしながら、日本各地の「あの世」を巡っていると、まるで人々が「あの世がありますように」と非常に強く願っているように感じられるのです。

これは今まで紹介してきた「ますように」に比べて漠然《ばくぜん》としていて、対象も不明確な、よりフワフワした、祈願というより願望といったほうが適切でしょう。

我々はあの世を欲している。

そう思ってならないのは東北の死者の信仰に触れたからでしょう。東北の死者に関する習俗には魅力的なものが多くあります。青森でいえば死者の魂が集まる恐山《おそれざん》とイタコが有名です。同じような死者にまつわる民間の宗教者にゴミソ、カミサンがあり、彼女らが集まった地として、岩木山《いわきさん》や久渡寺《くどじ》、そして川倉賽《かわくらさい》の河原《かわら》地蔵尊などがあります。

なかでも、五所川原市の川倉賽の河原地蔵尊参拝は非常に強烈な体験でした。

津軽半島のちょうど中心辺り、芦野湖の西側の小さい山の上に川倉賽の河原地蔵尊はあります。この辺りは太宰治の地元で、生家を改装した斜陽館もあります。

ほかではあまり見られない山王権現式の鳥居と寺の山門が一体になった門をくぐり登って行くと、山の路傍《ろぼう》に大量の小さな地蔵と風車が点在しています。少し開けた境内に巨大な地蔵が立っています。

本堂に入ると本尊の地蔵を中心に、堂の四方に大量の木造の地蔵が並び、地蔵たちが色とりどりのわらべ着を身にまとっているため、色彩豊かな空間になっています。これら地蔵の服やよだれかけはみな、遺族が鎮魂を祈り着せていったもので、なかには死んだ子供の遺品をそのまま使っているものもあるようです。

凄《すさ》まじいのは堂内だけではありません。本堂の裏には大量の卒塔婆が立ち並びます。ここはかつてイゴク穴と呼ばれ、天明の大飢饉の頃、大量の死体を葬った場所です。辺りには死者た

供養堂の人形たち

ちに呼応するように、大量の風車がカラカラと音を立てて回っています。

山全体が濃い嘆きの匂いに包まれたような場所なのですが、その匂いのもっとも濃厚な場所が供養堂です。なかに入ると、建物内を埋め尽くす夥しい人形の数々。すべて供養のために置かれた人形なのです。

人形にも様々あり、子供の供養なのかあるいは水子の供養と思われるキューピーちゃん。女の子の持ち物だったと思われるぬいぐるみやバービーちゃん人形。なかでも目を引くのは花嫁花婿姿の日本人形たちです。見れば男性の名前や、白黒のまだ若い男の写真が一緒にガラスケースのなかに封じられています。これは山形県のムカサリ絵馬に似た冥婚《めいこん》の習俗で、若く独身のまま死んだ息子のためにも、あの世で一緒になるようせめて人形の嫁だけでもしつらえてあげたいという供養です。ムカサリ絵馬もそうですが、数えきれないほどの若い男が死んでいった戦争の時代に活発化したものです。

死者の気配なんてものはまぁ死んでいるのでわからないのですが、死者を供養する人の思いエに期待されたのは「コミュニケーション」であったことが窺える。

明治初期のコレラ流行時に天彦・アリエなどの予言獣のおふだが流行った際、警視庁により「愚人を惑し甚だ予防の妨げに成るにつき」発売禁止の達しが出た（明治十五年八月三十一日　読売新聞）ことと比較すると愉快。

現代のアマビエらに対する反応は、警察や官公庁だけでなく新聞も明治初期とまるで違うものとなっている。

当時の新聞を見ると「とある方より圖をそへて送られましたからその圖面を記載してお目にかけましたが記者はこんな事は決して知りませんし諸新聞にも出ていないがため不開化の諸人方には誠に困り升斯様なものを寫して見るより諸新聞を見て身の養生を能くおやりなさい」（明治九年六月二二日

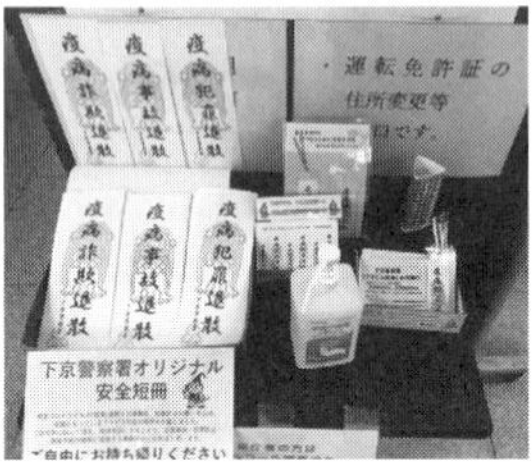

長野新聞）、「今時はこのような事にて安心する人はござらぬ」（明治十五年七月十日　郵便報知新聞）など、愛がない否定をしておりおもしろい。近代化するなかで警察や新聞が率先して迷信と対立する姿勢を見せていた。

十月三十一日　京都市

スコーン屋の店頭。アマビエとバナナと蘇民将来の共演。バナナもなにかの呪術かと思いたくなったが、熟成させていただけだった。ここのブルーベリーチーズスコーンは大変にうまい。

十月三十一日　京都市

喫茶店店頭の祝花がアマビエ型。やつはここまで進化した。

十一月十四日　広島県三次市

店軒先のチラシの押さえに

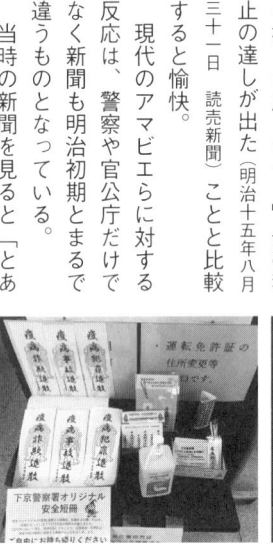

は、これでもかと強烈に物理的にひしめいていて、この山に満ち満ちる濃厚すぎる死の匂いとはイコール生者が死者とあの世を思う願いの匂いでもあると思えるのです。

山に行く。会いに行く。

日本で一番有名なあの世といえば恐山ですから、今さら語ることにちょっとした気恥ずかしさがあります。

恐山は「山中に異界があり、そこに死者が集まる」という柳田國男が考えた日本の祖霊信仰の典型例です。高い山を登って行った先にある青いカルデラ湖と真っ白な砂と石、そして湧き出す温泉とガス。まさに山中異界とはこのことかと誰もが感じるでしょう。

かつては日本中のあちこちに、地域内のローカルな「小さなあの世」があり、それこそが地域の世界観の輪郭を作るものでした。

あの世は私たち生者にとって、観測できない領域です。絶対の法則により見ることを禁じられているけれど、どうしても気になる。人はやじうま心のシャベルを振るって、決して知り得ないあの世を、自分らの頭のなかと、地域の山や川といった場所に開拓してきたのです。

物理的に存在する「行き帰り可能なあの世たち」は、死者たちの魂が集まるとともに、擬死再生、つまり仮初めの死と再生の装置として、巡礼者たちを招きます。やがて近代化を経て、仮のあの世たちは、巨大機構の活動を暫時停止して、ただなにかしら神秘的でエモい光景がある観光地としての側面を大きくしていきました。

下北半島のローカルあの世であった恐山を、ここまでメジャーにしたのは、日本の広告史上一大キャンペーンの成功例として名を残す、旧国鉄の「ディスカバー・ジャパン」（一九七〇年〜）がきっかけといわれています（大道晴香『「イタコ」の誕生：マスメディアと宗教文化』弘文堂　二〇一七年参照）。

ディスカバー・ジャパンには恐山以外にも先ほど名を挙げたあの世スポットも多く取り上げられました。価値ある素材を見出す力は本物でしたが、観光促進が旧来の「あの世っ気」を脱臭したともいえるでしょう。

川倉賽の河原地蔵尊は、平野のなかにぽつんとある小さな山で、人里との距離が近く、歩いて行ける境界的あの世という絶妙な距離感。対して恐山は行きにくく帰りにくい、生活空間から遠く離れた彼岸という世界観です。

この世界観を全力で味わうため、恐山に行かれる際には日帰りをせず、宿坊に泊まられることを強く強くオススメします。

夜、なんの明かりもない境内を、足元にある積まれた賽の河原の石を崩さないよう歩き、ときおり吹き出すガスに白きなにかを見出す。非常に楽しいです。恐山円通寺内には濃い温泉が湧き出しており、四つの浴場があります。薄暗い湯小屋の世界観そのものが強烈で、濃厚な入浴体験ができるでしょう。

東北の小さなあの世を巡っていると、そこには死者と感情の交わりを積極的に維持しようとする独特な死者との距離感を持っているように感じます。

こうした供養のあり方は、なりふり構わず、いかなる手段を使ってでも故人のためになにかしたいという強い意識すら感じられ、現場に行くと、がつんと頭を殴られるような気持ちになります。

恐山　この世の端っこの空気

第二話◉

声が届きますように
～あの世坂に立つポスト～

採集地▼黄泉比良坂（島根県松江市東出雲町）

楽しい楽しい冥界下り。

世界中に神話は無数にあれど、私が好きなのは各文化圏の冥界下りです。話型分類では「異郷訪問譚」と呼ばれることもありますが、「冥界下り」とか「冥界行」のほうが言葉の香りがいいですね。

メソポタミア神話ではイナンナ（イシュタル）の冥界下り、ローマ神話ではアイネイア、ギリシャ神話ではオルフェウスやペルセポネの話が特に好き。

冥界下り神話は、ただ単にあの世観を語るだけでなく、人類の死の起源や王権の起源、あるいは火や穀物などの文化獲得を語る複合的な神話です。なにかを探し獲得する、行きて帰りし英雄の旅でもあります。

「なんかわからんけど死んだら死んじゃう問題」は人類普遍のテーマであり、その原因やその先にある世界を必死に考えてきたのでしょう。

冥界下り好きになったきっかけは、子供の頃に読んだ荻原規子の『空色勾玉』（福武書店　一九八八年）でした。最近では宮﨑駿の映画「君たちはどう生きるか」（二〇二三年）も、冥界下り成分をふんだんに含んでいてよかったですね。

当然、日本神話で好きなのは、黄泉比良坂《よもつひらさか》神話になるわけです。

まぁ説明はいらないと思うのですが、国産みをした二柱の神、イザナギとイザナミ。カタカナで書くとどっちが男女か紛らわしい。イザナミは炎の神であるカグツチを産み、産褥《さんじょく》で死んでしまいます（火の起源と死ぬ大地母神のモチーフ）。イザナミの墓とされるのが、花の窟《いわや》神社（三重県熊野市）です。黄泉《よみ》の国に行ってしまったイザナミに会うため、イザナギは冥界行を決意します。ここで注目したいのは、往路にまったくなんの障害もない点で、ほかの冥界下り神話と比較すると興味深いです。行きはよいよい帰りはこわいみたいな。日本人の死生観にもかかわってくるかもしれません。

黄泉の深淵《しんえん》でイザナミに再会したイザナギは、彼女との約束を破り、姿を見てしまいます（見るなのタブー）。死と穢《けが》れを身にまとう変わり果てた様を見られたイザナミは「我に恥見せつ」と怒り狂い、配下の黄泉醜女《よもつしこめ》らにイザナギを追わせます。杖・桃・櫛などの呪的アイテムを駆使して逃げたイザナギ（呪的逃走譚）は、地上に戻ると千引《ちびき》の岩で黄泉比良坂を閉ざしました。かくて、あの世とこの世は往来不可能になったのです。イザナミは「一日に人間を千人殺す」といい、対してイザナギは「ならば一日に千五百の子を産ませよう」と答え、人間の死と生が定義されたのでした。

　地獄や極楽を現実の土地にプロジェクションマッピングしたのが箱根や恐山や立山などですが、神話上の地名を投影する例もあり、天岩戸《あまのいわと》などは全国にいくつあることやら。

　黄泉比良坂は「出雲国之伊賦夜坂也」と『古事記』に記されており、島根県松江市東出雲町にある揖夜《いや》神社鎮座地であるといわれています。

　松江市方面から中海沿いを北上する途中の農家集落。途中の案内看板に「黄泉比良坂　天国（黄泉の国）」と書かれ、宗教観が混雑していてとてもよいです。そこは日本神話的には「根の国」じゃないのか。

　細い道を上っていった山中に、小さな公園めいて開か

天国表記の謎

れた場所があります。看板や駐車スペースもあり、観光客が訪れるようになっています。
二つの岩が転がり、門のようになっています。千引の岩なのでしょうか。思ったよりちっちゃいです。千人いなくても動かせそう。辺りに桃の木が植えられているのも気が利いています。目を引くのは、設置されている謎のポストです。木造りの小さなもので、そのフォルムは鬼太郎の妖怪ポストへのリスペクトを感じさせます。

「天国（黄泉の国）への手紙　黄泉の入り口からあなたの愛を伝えます　亡くなられた方に伝えたい想いや感謝の気持ちをこのポストに投函ください　年に一度この場で奉納お焚き上げを行いあなたの想いを天国へお届けします」と書かれています。ちゃんと便せんまで用意されており、大変サービスがよいです。

根の国へ届けろよと思わなくもないですが、「To　根の国」と宛名を書くと、紀伊半島の熊野辺りに届いてしまう可能性があるのでしょう。

なんでも近年地元の人が始めた活動だそうです。気持ちを手紙に書いて言語化と物理的出力をするのは、心の整理には有効ですから、これで救われる人もいるでしょう。

鬼太郎のポストみたいでよい

本質的に供養・鎮魂とは、よみがえりを期待する儀式と正反対の行為、死と生を明確に分ける挙動です。

かつてイザナギが未練をもって冥界行をし、千引の岩にて死と生の世界を隔てた黄泉比良坂で、メッセージという形で死者に向き合い、自分なりに決着をつける。なかなか文学的でいいじゃないですか。

神話でいうところの黄泉比良坂に当たるのは、この辺りから登る峠道といわれます。山道を進むと塞ノ神が祀られています。塞ノ神はイザナギが逃走後、禊ぎをする際に捨てた杖から生まれた神で、境界を司る神です。この前を通るときは石を積んでいく習わしだそうで、今も大小の石が積まれ小山になっています。恐山や黄泉の穴とされる猪目洞窟（島根県）など、賽の河原には死者供養の石積みがあるものです。ここの石積みは峠を行く人の安全祈願としての呪術が主目的であったと思われますが、あの世ポストを見た後だと、塞ノ神も賽の河原も近しいように感じられるのでした。

第三話◉

死者に願いを

～現世利益と鎮魂～

採集地▼高尾稲荷（東京都中央区）／大圓寺（東京都文京区）

日本には、祖先供養が現世の具体的利益に繋がるという思想が、じわじわと育ってきた歴史があります。「貧困・疫病・災害などの現世の悪い出来事は、見えざる死者の霊が干渉して起きている」と考えられたのです。そこから、祖先や無縁霊を供養すれば、不幸が解消されるという考えに発展していきました。死者供養と現世利益はよく考えるとズレてはいるのですが、お寺での回向《えこう》時、祖先供養のついでに家内安全・商売繁盛など俗っぽい願いを紛れ込ませるように、いい感じでなぁなぁになっていて好感が持てます。特殊な死に方をした人が流行神として祀り上げられ、参拝が供養と現世利益祈願を兼ねる例もあります。

たとえば、東京の隅田川にかかる永代橋西岸にある「高尾稲荷の社」。江戸時代に刊行された願掛けガイドブック『江戸神仏願懸重宝記』（一八一八年刊）の筆頭に挙げられており、往年の人気と知名度がわかります。頭痛平癒や頭の傷、そして「頭痛にかぎらす髪の毛薄き人」など、頭関連の傷病平癒祈願で信仰されました。当時は願掛けをしたら祠にある小さい櫛《くし》をひとつ持って帰り、頭痛が治ったら、新たにもうひとつ櫛を添えてお返しするシステムになっていたようです。髪の毛薄き人も櫛を持って帰ったんでしょうか。

『江戸神仏願懸重宝記』は、江戸庶民に流行していた民間信仰を細かく記した資料です。特徴としてどういう神様であるのか・どうして特定の願いが叶うことになっているのか、という「縁起」の部分、いわば背景のストーリーがほとんど書かれていません。「寺社の教えなどどうでもいいから救え」といわんばかりの、御利益特化型実用的ガイドブックなのです。

「願懸重宝記」では省略された、高尾稲荷に祀られている神は、遊女「仙台高尾」。高尾は吉原花魁《おいらん》の大名跡《だいみょうせき》で、祀られているのは二代目とも三代目ともいわれます。伝説によると、高尾太夫は仙台藩主に大金を積まれて身請けされますが、すでに恋人がいたものだから決して身体を許しませんでした。藩主の怒りを買った高尾は、墨田川の船上で斬り刻まれたのでした。

のちに遺体が永代橋西岸に漂着し、人々に惜しまれ供養されます。そして、高尾の頭蓋骨を御神体として建てられたのが高尾稲荷。だから頭関連に御利益があったわけですね。これだけインパクトある話なのに一切触れない「願懸重宝記」がすごいです。

一六五九年の出来事と神社では伝わっています。仮に創建も同じくらいと考えておくとして、創建当時は高尾太夫に対する同情や鎮魂から祀られ始めました。そして、百七十年後に刊行された「願懸重宝記」では、背景のストーリーは不要とされ、ただメリットのみが人々に必要とされていたかのようです。医療が未発達で高額な時代の庶民にとって、とりあえず治してさえくれれば頭蓋骨でも錐《きり》でも鰯《いわし》の頭でもありがたいというのもわかる話です。

誰でも気軽に薬が手に入る現代になると、怪しげな頭痛平癒のメリットよりも、背景の悲劇や御神体が頭蓋骨というセンセーショナルさが前面に出て語られるようになりました。かつて切り捨てられたストーリーが再び訴求力《そきゅうりょく》を取り戻したのです。

高尾稲荷は、江戸時代から場所が遷《うつ》ったり空襲で焼失しながらも、地域住民や地域に根ざす企業に支えられ、今もビルの一角に社をビルドインして力強く残っています。

鎮魂がいつの間にか現世利益にすり替わっていった例はほかにもあります。

たとえば、東京・文京区本駒込にあるほうろく地蔵。お堂のなかで素焼きのお皿をかぶっているかわいい地蔵さ

頭蓋骨は今もオフィスビル内に祀られる

んですが、もとは八百屋お七鎮魂のために建てられたものです。

八百屋お七は、天和の大火（一六八二年）をきっかけに、一目惚れした男恋しさに放火したとされる女性。ほうろく地蔵さんは火事からおよそ百年後に建立され、地獄で焼けた鍋をお七の身代わりにかぶっているそうです。そのことから「鍋に見立てた焙烙を奉納すれば、首から上の眼病や鼻の病が治る御利益がある地蔵」として信仰されるようになりました。

最新のファッション

ところで、この辺りはお七ホットスポットで、お七の墓もあります。大田南畝《なんぽ》の随筆『一話一言』（一七七九年～一八二〇年頃執筆）によると、夜道を歩いていた足軽が、頭が少女で身体が鶏の化け物に遭遇し、それが地獄に落ちたお七だというので、供養として墓が建てられたといいます。
ことほどさように鎮魂と現世利益は案外結びついており、時代によって語られ方の濃淡が変わっていきます。すべては生きる人間の事情によって、神も死者も振り回されているのです。みなさんには是非現場に行っていただき、生者による傍若無人な振り回しっぷりを味わっていただきたい。

第四話◉

京都あの世散歩

京都といったら、そらもうあの世だらけなのです。

なんといってもあんだけ狭い土地に長年都があったのだから、死体密度は相当なもの。死体どうしよっか問題は、都の歴史について回りました。

疫病・寒冷化による飢饉などもあり、庶民の死体が町中にごろごろしているのが、平安京の日常風景でした。庶民にとって死体は道ばたにぺいっとするのが基本。鴨川に放置しておけばそのうち川があふれて勝手に死体が流れて行ってくれる、葬送のライフハックを行なう者たちもいました。無論、鴨川ウォッシュは偶発的にしか起きません。結局死体は落ちている。

死体との距離感が、現代人とはまるで違うのです。

しかし、貴族コミュニティでは、死に接触することへの強烈な忌避《きひ》感がありました。いわゆる死の穢れというやつです。

もう直接見るのも、見た人を見るのもダメ。その辺に落ちている死体の一部を犬や鳥が貴族のお屋敷に持ち込み、大騒ぎになることもありました。

やがていくつもの葬送地が発達していきました。

有名なのが鳥辺野《とりべの》・蓮台野《れんだいの》・化野《あだしの》。

これら葬送地は都の周縁や境界にあり、象徴的な意味合いで「あの世」と同一視され、今なおかつての「あの世っ気」を見つけることができます。

雪の鳥辺野

その壱

二重人格観光地 ～鳥辺野・六道～

採集地▼鳥辺野・六道（京都市東山区）

鳥辺野　清水の秘密

あの世は案外、そこら辺によくあるのです。観光公害が叫ばれる京都市内でも最大の観光地、清水《きよみず》。実は京都市内最大のあの世スポットでもあります。

今の京都市民の認識で「鳥辺野」というと、知らないか、清水寺の西側にある巨大墓地を指すのですが、かつては思う以上にかなり広い範囲を指しました。図（144頁）は現在の京都に三大葬送地のそれぞれ推測されている最大範囲を示したものです。都中の死体と寺と民間宗教者たちが集まる広大な葬送空間であり、生と死と聖と俗が入り交じるその雑多さは、私から見ればテーマパークのよう。

この範囲を考えると、清水寺はただの遊楽地ではなく、鳥辺野というあの世空間のなかに、ぽっかり浮いた極楽と捉えたほうが適切に思えます。

コロナ禍により街から人がいなくなったある日、こんな京都の様子を見られるのは今後百年

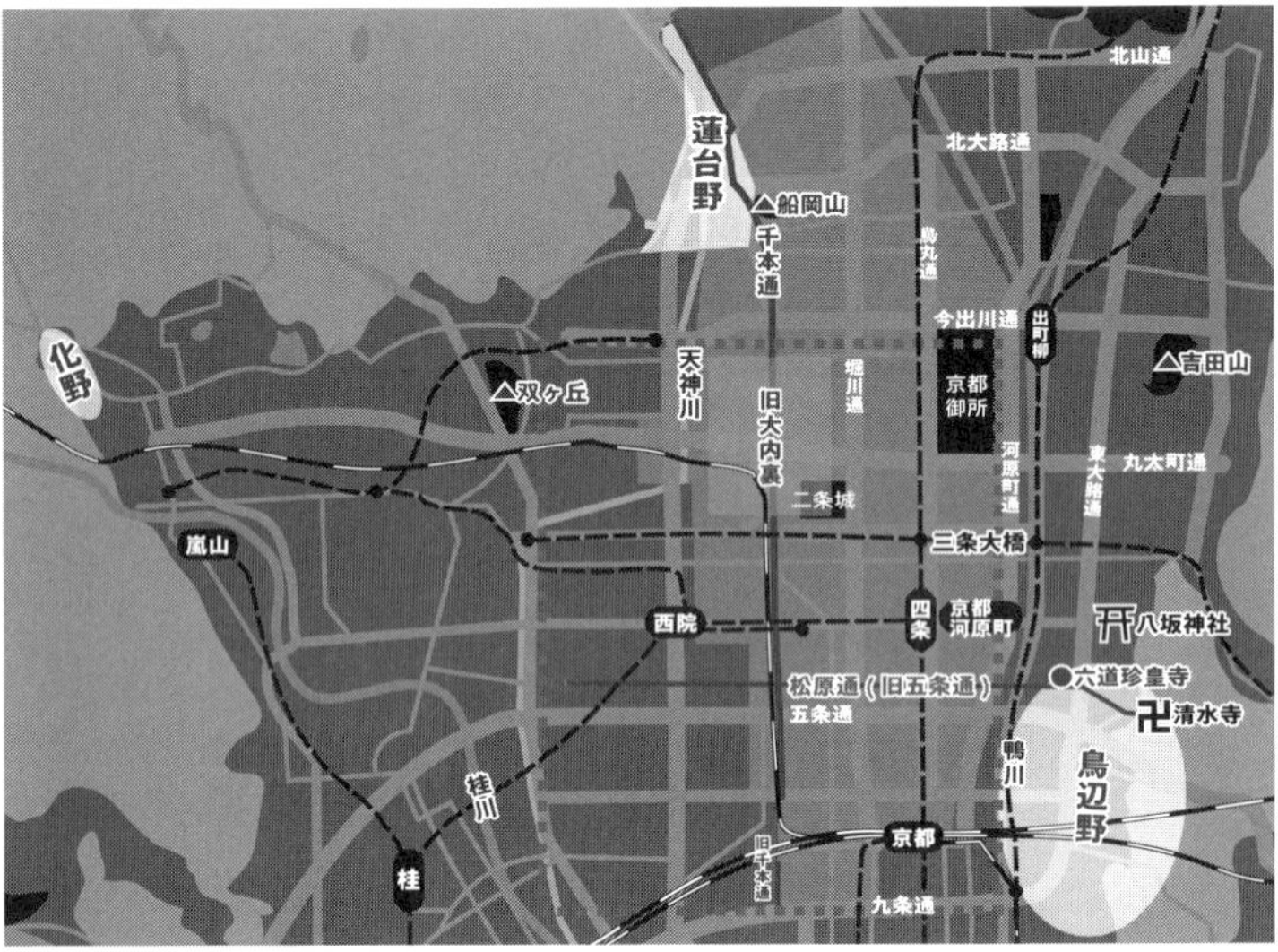

［図］京を囲む死体事情

はあるまいと、清水寺に向かいました。

観光客なき素顔の清水坂は、真昼にもかかわらず、歩いているだけで不安になるような静けさに満ちていました。なるほど、初めて気づいたが清水とは鳥辺野の一部なのだ。人がいると気づかないこの濃厚な静けさは、コンクリートと賑わいに塗り込められた地面の下に眠る鳥辺野から沁み出してきたあの世っ気なのだろう。そんなことを思ったわけです。

清水坂と薄皮一枚隔てた墓地から清水の塔を見上げると、『源氏物語』「夕顔」のラストを思い出します。何某の院で逢引きしていた光源氏と夕顔。謎のもののけに憑かれて死んだ夕顔は、鳥辺野（とおぼしき場所）に内密に葬られます。そこは簡易なお堂が建ち並ぶ夜道に、法師たちの声や念仏が響き「辺りさえすごきに」と書かれる光景でした。清水の方角ににぎやかな灯火が見えて、近くて遠い遊楽と死の空間が描写されています。この帰り道、光源氏は悲しみのあまり馬から落ちてこけて病みつきました。墓場で転ぶタブーです。祇園方面から清水に向かう坂のことを「三年坂」（産寧坂）と呼び、転けたら三年で死ぬという話があります。◯年坂の言い伝えは日本各地にあり、ルールを悪用して何回も転び、転んだ回数×三年寿命を伸ばすライフハック昔話もあります。

清水の三年坂を観光地の文脈で見ると、なぜ寿命が縮む場所があるのか意味不明ですが、葬送地鳥辺野の内部と考えれば、「墓場で転ぶ」禁忌であると納得できます。墓場や葬式の帰りに転ぶことは死者に袖や足を引かれて道連れにされることを意味し、日本の各地で禁忌視され、もし転《こ》けた場合は着物の袖を千切って置いて来るべしなどの回避方法が伝承されてきました。

このように清水一帯は華やかな賑わいの顔と死が満ちるあの世の顔の二面性を持つ、実に京都らしい場所といえるでしょう。

六道　あの世へ続く町

あの世との境界であることを、地域全体のアイデンティティにしている町があります。かつてこの地は鳥辺野の北の境界でした。

都の町なかから、松原橋（かつての五条橋。秀吉により通りの位置が変えられた）を渡り、鳥辺野や清水に向かう坂道を「六道《ろくどう》」と呼びます。いうまでもなく、仏教の六道にちなんだ呼び名です。

かつてはここらで死者との最後の別れをしたそうで、変わった寺や伝説が密集する京都の極濃スポットとも呼べる地域です。

特に六道珍皇寺《ちんのうじ》はその中心的存在です。境内には小野 篁《おののたかむら》作と伝わる閻魔像を始めとして、賽の河原、冥府通いの井戸と黄泉帰りの井戸、地獄絵に幽霊画に幽霊像を祀る小祠など、あの世コンテンツが盛りだくさん。

小野篁は平安時代初期の官吏で、なんかあんまりに有能すぎるうえに天皇に意見するやべぇやつだから、昼は内裏で働いて夜は閻魔大王の下で副業していたと伝説が残る人物です。地獄に縁ある人として信仰されており、小野篁作とされる地蔵六体が京都の境界に設置され、今も六地蔵めぐりが行なわれています。

そんな小野篁が、毎夜地獄に通うときに使っていた通勤路は井戸でした。六道珍皇寺の庭には普段非公開ながらこの冥府通いの井戸が昔からあり、近年付近の工事により、対になる黄泉帰りの井戸が発見されました。

毎年八月には、京都市内の人々が、お盆に向けて祖先をあの世から迎える鐘を撞きに六道に集まります。六道まいりです。

六道珍皇寺と六波羅蜜寺《ろくはらみつじ》にある「迎え鐘」は通常の鐘とは違い、綱を引いて音を鳴らす構造になっています。寺で鐘を撞くとき、普通なら一度後方に振りかぶってから前方に向けて押し出すように綱を振ってごーんと鳴らします。対して迎え鐘は滑車が構造に使われており、綱を引くだけで楽に撞けるようになっています。祖先の霊を迎えるのだから、押し出すのではなく引っ張る、引き寄せる動きになっているのです。まぁ駄洒落ですね。日本の呪術の多くは駄洒落と連想ゲームでできています。

ゆるお盆
（河村文鳳『文鳳麁画』1800年刊　著者蔵）

上の絵は江戸時代後期の京都の民衆の姿です。迎え鐘を撞く人が描かれており、ほかにも施餓鬼棚や六斎念仏が描かれていることから、当時のお盆を描いていると思われます。ゆるくていい絵でしょ。

平安時代末期になるとこの辺りの地域は平家の本拠地となり、六波羅には六波羅探題が作られました。平清盛によりあっという間に栄華を極めた平家は、あっという間に没落していきます。六道の地域がこうも「あの世っ気」が濃くなったのは鳥辺野との関係性はもとより、平家の影響もあるかもしれません。平家の盛衰は平家物語として、盲僧や軍記語りたちによって語り継がれ、その記憶は長く保存されました。六道の辻に繋がる五条河原には、軍記語りをして小さい卒塔婆を売る平家供養・死者供養の芸能者もいたといわれます。彼らは鎮魂の文学である平家物語を語り、鴨川に卒塔婆を流すことで、平家諸霊を慰め、糧を得ていたのです。五条河原から鳥辺野に至る六道地域の世界観形成には、寺社のほか、こうした民間の語り手たちや聖の姿が見え隠れします。

六道は寺だけでなく、地域全体であの世っ気が濃い空間をつくりあげています。六道まいりの期間中、六道珍皇寺に向かう坂道には、高野槙《こうやまき》や樒《しきみ》や仏具を売る出店が出現します。わたあめとかお面とか金魚は売っておらず、おなじみの夏祭とは一味違うのです。

願う幽霊たち

お祭のチョコバナナはないけれど、六道の辻の「みなとや」では「幽霊飴」を売っています。飴屋の主人が体験したお話。ここ数日夜になると妙な女の客がやって来ます。夜毎一文分の飴だけを買って帰る。どうにも気になるものだから、その夜後をつけてみると、店から遠くない墓地で女は姿を消しました。はて見失ったかと思うていると、どこかから赤子の泣き声が聞こえて来ます。探してみると新墓の下から聞こえて来るようだ。寺の僧と一緒に掘り出してみると、先日死んだばかりの女の遺体と、それに抱かれるように赤子がひとり。赤子は飴を咥《くわ》えていました。女は妊娠したまま死んで埋葬され、墓中で産まれた我が子の命を六文銭で買った飴で繋いでいたのでした。

幽霊が買った飴が今も売られているのです。

子育て幽霊、または飴買い幽霊譚は江戸時代に流行し、ここに限らず京都市内だけでも、北野の立本寺、蓮台野の上品蓮台寺（餅バージョン）、伏見の大黒寺に伝わります。ていうか、日本中にあります。福岡には飴買い幽霊にちなんだ通りの名が残っていますし、金沢には十例以上あります。多くの場合、赤子は寺に引き取られ、高名な僧侶になったというオチがつくのでした。

母の腋《わき》から産まれた仏陀しかり、子宮で十八ヶ月粘った弁慶しかり、異常な誕生をした子が名を残す人物になるのは英雄神話的パターンです。各地で幽霊済度や龍女成仏や井戸湧かしの伝説を残す高僧は宗派のヒーローに等しく、異常な誕生が霊力の元本保証になるのです。

これは「墓中出生譚」とも呼ばれる話型で、現在日本でもっとも有名な例は『ゲゲゲの鬼太郎』にほかなりません。

テレビアニメだけでも七回作られている鬼太郎ですが、意外なことにこれまで鬼太郎が誕生するくだりを映像化したのは、深夜アニメのノイタミナ版『墓場鬼太郎』（二〇〇八年）だけで、二〇二三年公開の映画『鬼太郎誕生　ゲゲゲの謎』で初めて鬼太郎が墓から産まれることを知った人も少なからずいたようです。びっくり。

墓中出生譚は非常に興味深いテーマで、長年研究がされており、妖怪姑獲鳥《うぶめ》や、難産による死亡の多さや、分離埋葬の信仰などにも繋がっていくことが論じられています。

分離埋葬とは、妊婦が子を産むことなく亡くなったとき、母と赤子を分離してやり、抱かせるなりして埋葬するべしという習俗です。やらないと化けて出てしまうといわれました。江戸時代の怪談集『太平百物語』（一七三二年）には、大阪・上本町に出た女の幽霊が「孕んだまま葬られたゆえ、重くて苦しいから腹を切り裂いてくれ」と通行人に頼む不気味な話が書かれています（「十作ゆうれいに頼まれし事」）。

似たような話が東京都板橋区仲町の専称院にも伝わっています。今も境内に残る如意輪観音のひとつに「婦一　普好映照信女　幽霊　離身童子　正徳四年三月廿三日　施主太郎」と書かれたものがあります。これは幽霊の墓石なのです。

伝説によると、難産で死んだ女が胎児を分離しないまま葬られ、幽霊となって毎夜毎夜「産ませてください。産ませてください」と夫の夢にあらわれます。そこで産婆に頼み、墓を暴き、左刃の鎌で腹を割き赤子を取り出して、母の亡骸に抱かせてねんごろに弔ってやったといいます。碑の「離身童子」とは母胎から分離された赤子のことでした。

分離埋葬の習俗はつい最近まで生きており、一九五〇年に福島県大沼郡で行なわれた分離埋葬を、死体損壊罪として警察が摘発・取り調べをしたことがありました。

調査に協力した民俗学者・山口弥一郎が分離埋葬の習俗とその歴史、そして背景にある鎮魂の思想を詳しく説明し、不起訴判断に大きな影響を与えました。検事は「たとえ非科学的であるとはいえ、死者の霊魂の安静を期するため一層礼意を厚くする趣旨において行われるものであることは客観的に明白」と覚書に記しています（安井眞奈美『怪異と身体の民俗学　異界から出産と子育てを問い直す』せりか書房　二〇一四年）。

六道がこの世とあの世の交通の要衝であり、たびたび死者と生者の衝突が物語化するように、社会のなかで「近代と前近代の衝突」が起こることもあるのです。近代が前近代を完全に消したなどというのは一種の思い上がりで、ふとしたことで前近代性が浮かび上がってくることもあるのです。そんなとき交通整理できる人材が民俗学者なのです。

観光客は来ないが京都市内から人々が集まる六道まいり

その弐

送る山・見上げる山 ～大文字山～

採集地▼大文字山（京都市左京区）

誰もが知る夏の「大」。

「大文字焼き」と呼ぶと京都人に怒られるそうで、「（五山の）送り火」と呼ぶのが正しい模様。京都に住み着いたよそ者としては、未だに大文字焼きといいたくなることもしばしば。

標高は四百六十五メートル。まぁ低山です。正確には如意ヶ嶽の支峰なのですが、送り火があまりに有名なのと、年がら年中「大」の字が京都市内から見えることもあり、誰もが「大文字山」と呼びます。

では、そもそもなぜ山に「大」の字を書きたいのか。

大切なのは、お盆の末に火を焚くことであって、それが大の字である必然性はあんまりありません。送り火の名のごとく、お盆で迎えた先祖や無縁の霊たちを、あの世に送り返すために火を焚きます。死者たちは煙に乗って帰って行くともいいます。送り火の風習は京都に限らず全国に分布し、夏の花火大会も送り火から変容した習慣であるとの指摘もあります。小さい頃の私の家では、長野の山奥のリンゴ畑のど真ん中にあるお墓の前で花火をして、送り火の代わりと言い張ったものでした。

京都では五つの山に「大」「大」「妙」「法」「船形」「鳥居形」を火で描きますが、なかでも如意ヶ嶽の「大」が有名なのは、五山のなかで最初に火が灯る特別な山であるからでしょう。

もともと大文字山とその西側の神楽岡（吉田山周辺）は、葬送地だったそうです。八世紀の『日本紀略』に、後一条天皇などを浄土寺と大文字山周辺に葬ったことが書かれています。浄土寺は今の銀閣寺の土地にあった寺で、銀閣寺を建てたかった足利義政により寺の領地を召し上げられました。大幅に寺域縮小されたものの、寺自体は浄土院として今でも残り、大文字山の火床の管理や、送り火の儀式にかかわっています。

京都市民以外にはあまり知られていませんが、燃えてないときなら登って「大」の字に行くことができます。送り火の後には、魔除けにする炭を拾いたい京都の人々がこの山を登るのです。

大文字山に登るルートはいくつかあります。一番メジャーな道は、送り火の際にも使われる銀閣寺横から登るルートです。この道には火床にたどりつく前、少し開けた場所に「千人塚」が建っています。

第二次大戦中、旧日本軍がこの山で大量の人骨を発見し、後に建てられた塚です。どうやら戦国時代の合戦死者の遺体たちだったようです。

「千人塚」と呼ばれる塚は全国に分布し、多くは合戦死者たちを鎮魂するもので、ごく一部、太平洋戦争の空襲由来のものなどがあります。このことから千人塚は、地域によっては「戦人塚」と表記する例もあります。思いがけず、先人の戦人たちに遭遇した当時の兵たちはなにを思ったのでしょうか。少なくとも、ただ捨て置くことはせず塚を築いた。

塚にまつわる言い伝えなどを研究した本に、室井康成『首塚・胴塚・千人塚　日本人は敗者とどう向き合ってきたか』（洋泉社　二〇一五年）があります。楽しく読ませていただいたのですが、なかでも全国の「千人塚」のうち、太平洋戦争由来のもの以外には、多く「祟り話」がついているという指摘は興味深いものでした。「祟る塚」と「祟らない塚」の比較などは、色々と考えを展開させられ、興味がある方は読まれるとよいのではないでしょうか。

大文字山の千人塚に関しては、祟る話を聞いた覚えがありません。心霊スポット（私この言い方嫌いぃ！）として大文字山が挙げられたときに、そこで少し触れるくらいならあるかも知れません。

千人塚は近代になってから建立されたものですが、大文字山の「あの世っ気」を大いにあらわしています。

大の字にて

私自身、大文字山がかつての葬送地であると知ってはいたものの、改めてその認識を深める出来事が三つありました。

二〇二四年一月一日。そうだ大文字、登ろう。大晦日の夜思いついて即実行。鯖を燻製にしてサンドイッチを作って、銀閣寺の横から登ります。

麓から千人塚を経由して「大」の字にたどり着くまで約四十分。かなり軽い山です。大の字の火床は広く開けて、京都市内を一望できるピクニックスポットになっています。歴史的には若干あの世っ気が漂ってはいますが、知らなければ大丈夫。天気がよければ大阪のビル群までぼんやりと見える場所です。上から見ると京都の盆地っぷりがよくわかります。

見渡しながら知っている場所を探してみると、あれは吉田山、葬送地。あれは船岡山、葬送地。あれは蓮台野、葬送地。あの辺りは化野、葬送地。あれは鴨川、庶民が死体流してた。あれは我が母校、蛮地。よくぞまぁ、この狭いなかに色々ネタが詰め込まれてるもんだと感心させられます。

大の字の中心、最初の着火点には祠が建ち、空海や役小角《えんのおづぬ》が祀られています。大文字山を始め東山連峰には、多くの修験者たちが行き交う山伏道がありました。

元旦だからなのか、祠を中心にたくさんの人がピクニックをしています。大の字の横棒を何度も往復する犬を連れたおじさん。やたら気合いが入った登山装備で身を固めたハイカー。観光客と思われる外国人集団とそのガイドのおじさんは、紙と墨汁を広げて地面で書き初めをしています。「侍」「愛」「幸」「正月」「ベルセルク」などの文字が書かれています。ベルセルク？

そんな感じで思い思いに過ごす「大の字」上の人々。そのなかに気になる一家が目に入りました。キャンプ用品を広げ、シングルバーナーでお湯を沸かして珈琲でも入れながら和気藹々と談笑しています。その中心には白髪の男性の遺影が置かれています。

普段はあまり意識されなくとも、大文字山はあの世に近い山です。私が知らないだけで、特定の時期に大文字山で故人を偲ぶ習慣があってもおかしくありません。あるいはご家族の思い出の地がこの火床なのかもしれないし、ただ里帰りしてきた子供たち家族と一緒に遺影を連れてピクニックにきただけなのかもしれません。勝手な妄想を繰り広げながら、大文字山のあの世性について深く考え込み、鯖サンドを食べていたのでした。

また、二〇二四年の送り火は、大文字山に近い吉田山神楽岡の辺りで見物していたのですが、住宅街の坂道で敷物を敷きお弁当を広げ、遺影とともに大の字を見つめるご家族がありました。切り取って残しておきたい夏のワンシーンでした。

そして、京都に住む古物商の友人に大文字山での一件を話したところ、「歴代の飼い猫たちの遺骨を、ほんのひとつまみ大文字山に撒いている」と教えてくれました。大文字山なら京都の町なかからいつでも見上げられて、疑似お墓参りができるからだといいます。

なるほど、いずれも鎮魂の一形態。大文字山がかつて葬送地であった記憶は薄れても、土地に染みついたあの世っ気は消えず、こうして独自の供養と結びついて存在し続けていくのでしょう。

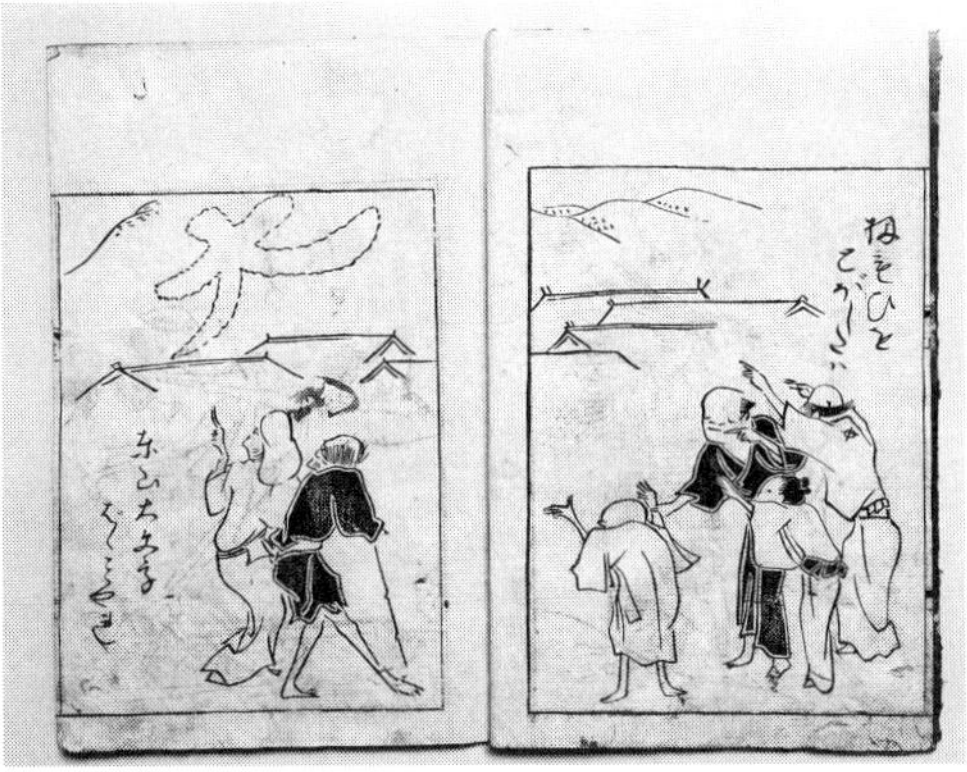

風景は変わったが見上げる人たちは変わらない
（『鳥羽絵三国志』1720年刊　著者蔵）

その参

見えるけど見えない　〜繁華街のあの世〜

採集地▼瑞泉寺（京都市中京区）

京都の三大葬送地は、いずれも中心地から離れた地域に設定されています。死を忌む感覚からくる距離感でしょう。しかし、実は京都随一の繁華街、新京極界隈にもあの世は潜んでいるのです。この辺りは豊臣秀吉によって寺が集められた地域で、今の繁華街はかつての寺域です。ビル群の後ろをのぞき込んでみると、今でもお墓が大量に残っています。

三条大橋は近世になるまで簡易的な橋しか架かっていなかったようで、この辺りは都が一度途切れる境界でした。そんな場所ですから、あの世っ気があるお寺が少なくありません。地獄の炎に包まれた地蔵像を本尊とする矢田寺。御賽銭を盗んだ老婆が境内で地獄に落ちた自分の姿を幻視した誓願寺（「誓願寺にて鬼に責めらるる女の事」荻田安静『宿直草』一六七七年刊）。

なかでも注目すべきは瑞泉寺《ずいせんじ》でしょう。

畜生塚と瑞泉寺裂

三条河原は元処刑場と呼ばれることもありますが、実際の処刑に使われた記録は意外と少なく、晒し首が主な用途だったといわれています。石田三成は六条河原で処刑された後、三条河原で首を晒されました。江戸で処刑された近藤勇の首もここで晒されています。

処刑場のイメージは、豊臣秀次一党の処刑に由来します。

秀吉の後継として関白になった秀次ですが、秀吉に実子・秀頼が生まれたことで、立場が危うくなりました。暴虐な振る舞いがあったと語る伝説もありますが、どうも後づけされたわかりやすい理由に思えます。

秀吉と秀次、それぞれにどんな思惑があったのかはわかりませんが、結果として秀次は高野山で切腹をし、首は三条で晒されることになりました。

このとき秀次に連座する形で、秀次に仕えた女官や女房たち三十余人が三条河原で斬られました。

これだけの数の罪なき女性がまとめて処刑されたのは、日本史上でも稀な事件です。彼女たちの遺骸は、秀次の首とともにその場に埋められ、塚が築かれました。この塚の名前はいっぱいあって、畜生塚・外道塚・殺生（摂政）塚など、地誌類にも統一されぬまま記されています。

古い資料を探すときに面倒です。

後に京都の豪商・角倉了以が、秀次一党鎮魂のため、同地に建立したのが瑞泉寺（一六一一年）です。京都のもっとも栄えている飲み屋街である木屋町通の三条通側入口にあるのですが、多くの人は寺の存在に気がついていないようです。同寺の御住職・中川学龍さんは「この寺は見えない寺なんですよ」といいます。見えているのに、知らなければ見えない、気がつかない。そんな寺がここにあるのです。

瑞泉寺には、殺された女たちの小袖裂とそれぞれの辞世の歌が伝わっています。名前と裂と辞世の歌とは、その人が生きていた証です。これらの小袖裂は実際には江戸時代初期の物で、歌も当時の本人作か疑問ではありますが、「殺された三十余名」というかたまりではなく、個の人間として弔いたい気持ちがあったから残されているのでしょう。これが耳塚や千人塚であれば、個よりもかたまりとして処理されています。

「秀次と女たち」という括りを拒絶し、ひとりひとり鎮魂したい寺関係者か奉納者がいたのかもしれません。

江戸時代中期に儒学者・林義端が、瑞泉寺をモデルに「畜生塚」（『玉櫛笥』一六九五年）という怪談を書いています。

義端は「怪力乱心を語らず」を旨とすべき儒学者にもかかわらず、おばけオタクを公言していた変な人で、怪談集の編集・出版や執筆にいそしみました。そんな彼を馬鹿にするほかの儒学者に対して、「世の中には正しい道の話を聞くことよりも、ただ不思議で怪しい話を聞きたいと思う人もいる。私もその一人でわかっちゃいるけどやめられない。これは本来君子のやるべきことじゃないんだけど、それは重々承知の上で、本を読んだ人が怪談からなんか学んでくれたらいいのになぁ！」（『玉櫛笥』序文より意訳）と、島本和彦作品のセリフみたいなことをいっており、大変に好ましい。

「畜生塚」はそんな義端の傑作のひとつ。

遊び人の男が三条大橋で美しい女と出会い、逢瀬を重ねるなかで、実はその女が死人であったとわかります。それも瑞泉寺の畜生塚に眠る、秀次事件で殺された女の幽霊だったのです。女は自分の半生を語り、もはやお会いすることはありませんと消えていくのですが、男は女の後を追うといい、病みついて息を引き取るのでした。

作中で明言されませんが、この幽霊のモデルは実在の人物です。女が今子と名乗ること、そして語る過去と辞世の歌を見ると明らかに「駒姫」です。駒姫は、出羽国の最上義光の娘で幼名をお伊間といい、関白に召された直後秀次事件が起き、秀次と顔を合わしたこともなく、いわば関係者になってすらいないのに連座して殺された少女です。

このことは当時の人々の同情を買ったようで、駒姫の悲劇は最上家の本拠地・山形を中心に語り継がれています。

『玉櫛笥』の出版は秀次事件のちょうど百年後に当たります。また、義端は京都在住です。三条大橋界隈が、東海道の終点の盛場として隆盛していく時代、義端がこの作品を書いたのは「忘るるなかれ」の気持ちからかもしれません。

文芸評論家の東雅夫さんが「怪談は鎮魂の文学である」といっていますが、「畜生塚」は、まさにその機能を果たしている怪談といえます。史実の駒姫は、歳若いまま、顔も知らない男に連座して、顔も知らない女官たちとともに殺されました。「畜生塚」では幽霊とはいえ、その彼女を愛し、後を追う男が描かれるのですから、これは死者へ手向けた救済の願いと読むこともできるのです。

現在の供養塔。近代の建立だが、秀次の首を入れた石櫃を使用していると伝わる

第五話◉

死者の衣

「マジであるかどうかはともかくとして、あの世があるらしい」とすることで、私たち生者は死者を「思い出す行為」から、さらに一歩進めた「死後の魂が安らかでありますように」という、なかなかに入り組んだ祈りを手に入れました。考えてみると「冥福」なる概念自体が興味深い。死んでいる時点で、福もなにもあったものではありません。そんなことは百も承知で、なおあの世で幸福に過ごしてもらいたい、よりよい生に生まれ変わってほしい、天国に行っていてほしいと人は祈るのでしょう。

その壱 「ゴキブリが出ませんように」と死者供養〜壬生狂言〜

採集地▼壬生寺（京都市中京区）

壬生寺《みぶでら》といえばいうまでもなく新撰組が有名です。ファンは、沖田総司が青い顔でうろつき、近藤勇が下手っぴな句を詠んでいたことに思いを巡らし壬生へとやって来ます。

そうした人々には知られていないが、ここには壬生狂言という芸能が伝わってます。毎年節分や彼岸などに公開される仮面をつけての無言劇、いわばパントマイムで、その仕草や内容はユーモラスなエンターテイメントです。庶民に向けてわかりやすく教えを説くため始まったといわれ、年中行事として京都人に愛好されています。

そして、興味深いことに、実はこの舞台上で使われている衣装はかつて全て「故人の遺品」でした（ただし、現代に新調されたものは西陣などから提供されたもの）。

仮面をつけ死者の衣を身にまとう演者はもはやこの世の常の者ではありません。そうした前提で見る無言劇は、秘められた緊張感でより味わい深いものとなります。

芸能はカミを喜ばせ、死者を慰めるものでもあります。特に能は中世荒廃した京都で発展し、見る芸能としての側面と鎮魂としての側面を持っていました。死者を舞台に降ろし、語らせることでその魂を慰めた。壬生狂言が故人の衣装を活用しているのも鎮魂の発想が入っています。演目「餓鬼角力」のなかで、鬼に敗れた亡者たちに地蔵が力を与えると、チワワめいてプルプルしていた亡者たちはファイト一発、白い襦袢を脱いで発憤します。このとき見える襦袢下の衣には、「震災横死者」の文字が入れられており、現在も笑いと同時に強い鎮魂性を保っている芸能であることがわかります。

壬生狂言の代名詞は「鉦の音」です。公演の時期に寺の周りでは、カンデンデンと鉦と太鼓を打ち鳴らす音が聞こえて来ます。この鉦は舞台上で叩き続けているのですが、担当の人はずっと客席にお尻を向けています。よくよく見ると、舞台の端には小さな仏壇があり、そこに向けて鉦が打ち鳴らされています。これは壬生狂言自体が、生きた人間を客とするもの以上に、仏に対し奉納するものであるという根本原理のあらわれです。鉦の音は死者の魂を舞台に降ろすための儀式的ツールとして働いているのでした。

壬生狂言とは、生者でも死者でもないものたちが演じる、ユーモラスな喜劇を見られる稀有な機会なのです。鑑賞の際はお尻が痛くなるので敷くものと、秋の公演であれば防寒対策をしていくことをお勧めします。

特に有名な演目は「節分」と「炮烙割《ほうらくわり》」でしょう。あらわれた鬼を後家が酔いつぶし身ぐるみを剝ぐ「節分」は鬼の仕草がユーモラスで、それを手玉に取る人間の欲深さが実に愉快です。

京都の節分行事は非常に多彩です。追儺式が見られたり（吉田神社・鞍馬寺・平安神宮）、変わった鬼の加持をしてもらえたり（廬山寺）、恋愛成就のラブレター売りが出没したり（須賀神社）と、全部見ようと廻れば豆を撒く暇がないほどに盛りだくさん。

壬生寺の節分では壬生狂言「節分」が演じられ、境内や寺の周りでは「炮烙」という素焼きの皿が売られています。炮烙を買った人は家内安全などの願いを書いて奉納します。このとき奉納された炮烙は、春の壬生狂言の序曲「炮烙割」で、舞台から地面に落とされ、派手な音を立てて割られます。

そして、どういうわけかはわからんが、このときの炮烙の破片を持って帰り台所の隅に置いておくと、台所の虫つまりゴキブリなどが出なくなるという民間信仰がありました。現在は、安全上の理由からか破片を拾うことができなくなっているため、途絶えかけているが、壬生狂言のなかの人たちは今も破片を持って帰るらしいです。きっとブラックキャップの代わりになるのでしょう。

家内安全と虫除け、一つで二度美味しい

その弐　衣類鎮魂譚　〜遺品たちの山〜

採集地▼朝田寺（三重県松阪市）／金剛證寺（三重県伊勢市）／高勝寺（栃木県栃木市）

経験のある人には共感してもらえると思います。お寺に奉納されている遺品たちを眺めていると、見ることが悪いようななんともいえない居心地の悪さを感じます。

鎮魂の空間に存在する遺品たちは生々しく、知らない誰かが残した気配が未だ残るかのようです。それらは供養者の気持ちと融合して、より濃厚な空気を作り出し、私のようなよそ者の鼻の奥と脳みそを襲うのです。ありもしない故人との記憶を強制的に脳みそに流し込まれて、悲しくなるような錯覚さえ覚えます。

かつて地域の共同体や国家が担った鎮魂は、現在はとても個人的で閉じた行為になりつつあります。葬式という儀式こそあれ、死と折り合いをつけるのは、結局生きた人間各々がどうにかこうにかするしかありません。

「部屋は精神をあらわす」などとよくいいます。子供の頃、部屋が泥棒に入られた後みたいだと怒られ続けたのが私です。心が映るプライベート空間を見られるのは気が引けるもの。自分としても人様のそういうところをまじまじ見るのは悪かろうと思いつつ、こっそりとのぞき見てしまったりするものです。鎮魂の場を見るのは、部屋のなかを見るように、誰かの内面をのぞく行為に等しいのです。それは後ろめたさと堂々と言い難い快楽がある行為です。今回紹介したいのは、開かれた空間にありながら、人の情念が目に見える形で漏れ出すように表現された鎮魂の形です。

お寺に故人の衣類を納める風習を、かつては「死に皮」や「掛け衣」と呼んだそうです。特に故人愛用の品は、死後も使い続けて欲しい、死後の世界でもなくては困るだろうという感覚があります。生者と死者は普通のコミュニケーションができません。そこでなんらかの触媒が必要となります。それは人と霊の仲介をする人であったり、死者との繋がりを補助する目に見える物体、つまり遺品だったりするのです。あの世とこの世を繋ぎ、死者の魂が集まるとされる各地の山や寺などで、そうした「物」を介した死者との交流文化が見られます。今回はそんななかから三つ、興味深いものを紹介します。

朝田寺

わしが死んだらかけておくれよ　朝田の地蔵へ振り袖を

三重県にはこんな古い歌が残っています。

地域の人からは、本来の名前より「朝田の地蔵さん」で知られているこのお寺。平安時代前期作の地蔵菩薩像を本尊とし、本殿内の天井にはみっしりと、大量の遺品の衣類がかけられています。よく見ると天井には服をかける用のS字フックが用意されています。龍や草花が描かれている本殿の天井はよく見かけるけれど、本尊を囲って天井に大量の服がかかる光景は見たことがありません。目からウロコが落ちる気分です。

周辺地域では、宗派に関係なく、葬儀が終わると朝田寺に服を一着納めに来るそうです。そのときお堂に地蔵のおふだを貼っていくため、戸には夥《おびただ》しい数の地蔵の姿絵がひしめいています。かけられた衣服は、毎年お盆の八月二十三日夜にお焚き上げして最後の供養とするそうで、それまでの一年間、寺を訪れた遺族は大量の服のなかから縁者の物を探して指差しながら「あそこにお父ちゃんいるねえ」などと偲ぶのです。このとき区別がつきやすいように、袖に目立つハンカチやリボンなどを巻いている遺族もいるそうです。

ここの地蔵さんは地獄で裁きをする閻魔大王に対し「こいつだってこんないいことしてたんやから、極楽行きにしたったらどうでしょ?」と擁護《ようご》

おふだの跡は人々の祈りの歴史

してくれるそうです。弁護士です。

地蔵信仰は奈良時代に日本に伝わってきていたようですが、本格的に普及するのは平安後期を待つことになります。これは仏教思想のなかでも末法思想やあの世観・地獄極楽観の発達・定着と連動してのことでしょう。

日本に伝来する以前の中国・宋代から、地蔵菩薩は地獄で死者を救済して、浄土へ導く菩薩でした。当時の地蔵信仰について記した『地蔵菩薩応験記』から、地獄の閻魔と地蔵菩薩が同体であると解釈されていました。この閻魔＝地蔵説は中国から受け継がれ、日本でも広く長く受け入れられてきましたが、現代だとあまり意識されていない設定になっているかもしれません。

地蔵は諸々の苦しみをどうにかしてくれるという現世利益の側面も強く見られます。現在はこちらのイメージのほうが強いでしょう。仏教の諸仏諸神でも、より多岐に亘るマルチタスクをこなしているのがお地蔵さんです。その仕事のなかには子供と遊ぶという重大任務も含まれます。

朝熊山・金剛證寺

伊勢というと当然伊勢神宮が有名です。コロナ禍が明け、内宮参道のおかげ横丁は京都に負けぬほど観光客が密集しているそうです。そのうちどれほどの人が、かつて伊勢神宮とセットで詣るべきとされた寺を知っているでしょうか。実は内宮の東にそびえる朝熊山《あさまやま》にそんな寺があるんです。

金剛證寺《こんごうしょうじ》は伊勢神宮の鬼門を守る寺と呼ばれ、江戸時代の伊勢参りブームでは「朝熊参りをしないと片参宮」と伊勢音頭に唄われる寺院でした。しかし、その存在を忘れているのは観光客だけ。地元の人たちは忘れていません。ただし、伊勢神宮とのパッケージ以上に、死んだ人が行くあの世山として。

朝田寺が松阪を中心とした三重県北部の死者が集まる寺なら、朝熊山は三重県南部の死者が集まる山。現在も新盆にこの山に詣るという地元民は少なくないそうです。

そんな朝熊山の金剛證寺は、おかげ横丁前から山を越えて鳥羽・志摩方面に向かう伊勢志摩スカイラインのほぼ中間点にあります。なんとも独特の寺院で、現在は臨済宗なのですが、天狗の要素があったり、おちんこ地蔵があったりと、密教系や山岳信仰、そして民間信仰の香りが濃くて素敵です。

特に注目すべきは奥の院に続く道。四メートルを超えるでけぇ卒塔婆がずらぁと建ち並び、大卒塔婆ロードが築かれています。巨大な卒塔婆だけなら恐山などでも見たことがありますが、ここまで大量に隙間なく並んでいる光景は斬新すぎます。一瞬木製の壁か塀にも見えるそれは、ひとつひとつきっちりと戒名が記され、勘違いをすぐさま訂正してきます。紛れもなくここには死者の気配が密集しているのです。

「うわぁ、ここまだ生きてるじゃん!」

ここを訪れたとき、見た瞬間に同行していた師匠が口走ったのを覚えています。いや死んだ人らばかりなんだけど、文化・風習が今も生きているという意味ね。

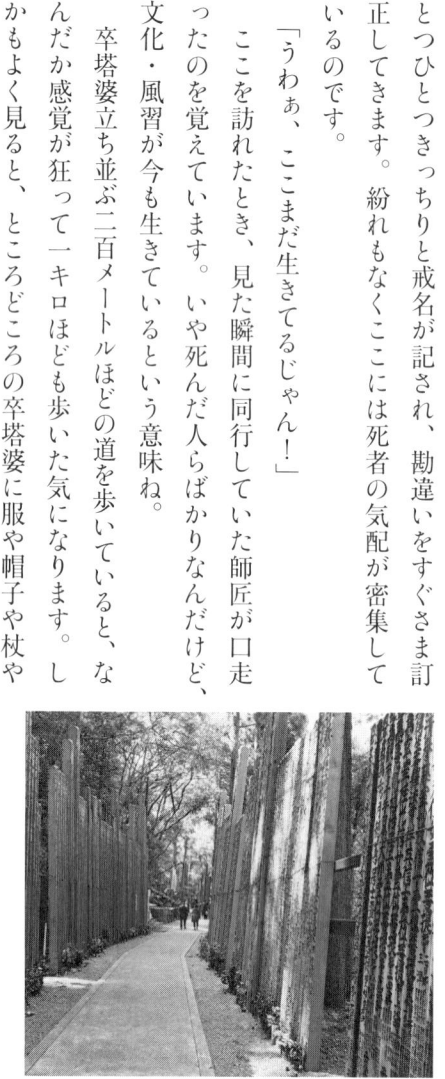

卒塔婆立ち並ぶ二百メートルほどの道を歩いていると、なんだか感覚が狂って一キロほども歩いた気になります。しかもよく見ると、ところどころの卒塔婆に服や帽子や杖や眼鏡がかけられています。故人の遺品です。注意書きには「遺品をかけないで」とあるのですが、それでもやりたくなるのでしょう。鎮魂は手段を選んでいられないのです。

卒塔婆ロードに生活の気配

岩船山・高勝寺

特撮ファンなら「例の採石場」と聞くだけで、ほぼイメージできる場所があります。戦隊物やライダーで爆発を伴う戦闘シーンでお馴染みの荒野めいた採石場ですが、実は「あの世山」であることをご存知でしょうか。

栃木市と佐野市の間にある岩船山《いわふねさん》。ここは古くからの霊場であり、中世貴族の日記には「天狗の棲む魔所」とも、「生身の地蔵が立つ」とも書かれる、あの世とこの世の交錯する特別な地でした。ＪＲ岩舟駅から、その岩肌剝《む》き出しの独特の形が見えています。

古くから霊場であるこの山では現在、石仏（だいたい観音像）に故人の服を着せる民間の風習が見られます。

猫がたむろする登山口から、東京スカイツリーとビル群が見える山道を登って、高勝寺《こうしょうじ》の境内に入ると、多くの石仏が並んでいます。その石仏たちがそれぞれ思い思いの服を着ているのだからびっくりします。着ているといっても、石仏は人間の胴体におよばない程度の大きさですので、当然顔は隠れて見えません。石仏よりも服を主格にして、「石仏に着せられて立体的に立ち上がった服」とでもいいましょうか。畳まれたり、そのへんにポイっとされた衣服と違い、三次元的な厚みがあると存在感の性質がまるで変わり、人に似て人ならざるものが立っているように一瞬感じられます。鬱蒼《うっそう》とした山林と一体になった境内に、突如人工的な色合いを持った服が立ってあらわれるのだからインパクトが強い。

それらは適当に服をかけているのではなく、スーツであればちゃんとボタンをかけているし、

服に宿る心は誰の物？

帽子やマフラーなどのおしゃれ小物を身につけたものもいるし、靴もセットで置かれたものもいます。なかには戒名が書かれた服まであります。

この斬新なファッションショーを始めた最初の誰かは、石仏が服を着せるのにぴったりのサイズ感であると発見したのでしょうか。謎です。

お寺側としては、これらは仏教的教えにかかわるものではなく、参拝者個人が行なっている行為であり、排除はしないけど推奨もしていないという一線引いたスタンスを表明しています。ただただ服が風化していくのを見守っているそうです。

また、この風習はさほど古いものでもありません。高勝寺研究をされている林京子さんに、昔の写真資料を見せていただいたところ、一九七〇年代の境内には衣服を着せられた石仏は見られず、一九八〇年代になってから登場し始めます。かなり最近の定着といえそうです。

岩船山では、戦後の祭礼日には口寄せする民間宗教者や傷痍軍人などが集まり、現在は水子供養のほか、ここで生まれ変わりの新しい子の魂を授かるという、新しい信仰言説も生まれています。どうもこの寺は、昔から伝統や教義にない民間の信仰様式を受け入れる弾力性があったようで、常に変化しながら、その時代の人々の需要に応える最前線の霊場であるのです。

ほかにも恐山の地蔵堂、青森県五所川原市の川倉地蔵、山形県山形市の山寺（立石寺）などにも衣を奉納する風習があります。変わったバリエーションとして、安徳天皇の着物で作られたとされる幡《はた》が伝わる長楽寺（京都市）、故人の着物を幡に仕立てて奉納する弘法寺（青森県つがる市）などもあります。

個別化する鎮魂

これらの鎮魂スタイルは一概に古いものではなく、岩船山の例のように、近代、それも戦後に拡大したと思えるものが多くあります。第二次大戦中や戦後は、鎮魂の新様式が展開した時期でもあります。

多くの若者が死にました。遠く南方や海上で亡くなれば、骨も還ってくることなく、遺骨といわれて届いた箱には石ころが入っていたなんて話もあります。

お上としては「彼らの魂は靖国神社で英霊として祀ったよ」というのですが、地方の人にしてみれば、遠く東京のどこにあるかもよく知らない神社で、ひとかたまりとして処理されて、それで子供や夫の死に向き合えるでしょうか。靖国神社とは地方から死者供養を一括回収してしまうシステムで、なかなか興味深くはあります。

結果として、人々は馴染みのない様式とは別に、自分たちの共同体や個人にとって納得のいく鎮魂の様式を模索し始めるのです。

東北に多く見られる「ムカサリ絵馬」や「花嫁人形」などの鎮魂儀礼も、この時期に増えたという指摘があります。

個の鎮魂行為の模索は、既存宗教や公的機関による鎮魂が「物足りない」ときに、発展を始めます。お葬式でなにやらわからないお経を聞いても収まりがつかない心の向かう先として、教義とは別に、より自分が納得しやすいスタイル・自分の手で行なえる直感的で物理的な鎮魂の需要が高まるのです。

現代、お葬式はどんどん簡素化しています。当然の時代の流れです。しかし、それは同時に、残された個人にとって宗教に頼らず「気持ちを処理するための負担割合」が増えることを意味しています。「式」というフォーマルな場と教義から離れ、日常の延長で鎮魂行為を求める気持ちが、岩船山や恐山や家のなかで、新しい民間信仰を育てているのです。願わくば人々のその気持ちが、スピリチュアルな詐欺に利用されませんように。

第四章

願いと呪い
物語と
「ますように」

人間は貪欲に物語をむさぼる野生動物です。良きにつけ悪しきにつけ、人間の精神は物語に大きく影響されます。願いの現場において、物語はフィクションを超えて、人々の祈りや歴史や幻想と結びついて立体化し、そのエネルギーを増大させていくのです。強烈なキャラクターやその物語は人々の願いを集める磁石のように働いています。

第一話◉

脱いだ清姫、履かなかった雪女

〜草履塚論〜

採集地▼道成寺・草履塚・十三塚（和歌山県御坊市）

もしかしたら大体のみなさんがそうなのかもしれませんが、私は外に出るとき、靴を履いています。よほどのことがない限り、裸足では歩いていません。裸足で駆けていたらサザエさんのごとくみんなの笑いものになるでしょう。

そして、サザエさん以外にもうひとり。よほどの事があって裸足で駆けて行く女性がいます。

道成寺縁起《どうじょうじえんぎ》の清姫《きよひめ》です。

裸足の清姫

愛しい安珍《あんちん》を追いかけ、激情に駆られ日高川を渡り蛇身と化した清姫は、和歌山県日高郡の道成寺の鐘に隠れた安珍を鐘ごと焼き殺します。これがみなさんのイメージする道成寺縁起の大まかな姿でしょう。

描かれた清姫の草履
（「道成寺縁起」国際日本文化研究センター蔵）

細かいところを見ると、清姫が約束を交わしたにもかかわらず、再び自分に会いに来ない安珍を探し往来の人々に行方を尋ね歩く場面があります。安珍が去ったことを聞いた清姫は激怒し、彼を追いかけ走り始めます。そのとき、清姫が草履を脱ぎ捨てていくのです。

多くの道成寺縁起絵巻で脱ぎ捨てられるこの草履が描かれています。道成寺は現在も道成寺縁起絵巻の絵解きをしていますが、住職の飄々とした軽妙な語り口で笑いを取りながら説かれる女人蛇体譚のなかにも、草履が脱げる場面があります。

矢も盾もたまらず追いかけ始めますが、歩いていては追

いつけません。だんだん清姫の姿も乱れてまいります。もう履物が脱げても拾う暇がない。こうして真砂の里から道成寺まで十六里（六十キロ強）を追いかけることになります。

（伊東史朗『古寺巡礼　道成寺の仏たちと「縁起絵巻」』道成寺　二〇一三年）

草履への関心は、清姫が草履を履き捨てたとされる御坊市名田町野島に草履塚まで建立させるほどです。現在も道成寺門前で売られている土産物の釣鐘まんじゅうには道成寺縁起をわかりやすくした絵が同封されていますが、場面単位でコマに分けて描かれるなかに草履塚が一コマを消費して採用されています。

土産物にも草履塚の絵

草履を脱いだだけの場所が伝説に紐づき、観光的チェックポイントと化すのはなぜなのでしょう。脚フェチなのでしょうか。

私たち日本人が履物を脱ぐ場面としては、まず家などの建物に入るときが思い浮かべられます。欧米の土足生活文化とは履物を脱ぐ感覚がまったく別物でしょう。

そして、宗教的な場面においても私たちは履物を脱ぎます。月山《がっさん》参りの際は山頂で草鞋を脱ぎますし、琉球《りゅうきゅう》に点在する霊場である御嶽《うたき》に上がる際もやはり履物を脱ぎます。

以前、鹿児島県徳之島の法事に参加する機会がありましたが、奄美群島で独自発達した神仏習合墓は地面から一段高く白砂が敷かれ、土足で上がることが憚られていました。

履物を脱ぐことは空間的移動とともに精神をスイッチする動作となっているようです。日本人の履物を脱ぐ動作で特筆すべきは、自殺するときのそれでしょう。ドラマなどの身投げや首を吊る場面で、靴を脱いで揃えているのを見た事があると思います。この習慣は意外と古く、『太平記』や『源平盛衰記』など、遅くとも十四世紀のテキストで入水自殺の際に履物を脱ぐ描写が確認できます（参考：川部裕幸「自殺の作法―〈履物を脱ぐ〉を巡って」『歴史民族学』第十九号 批評社 二〇〇一年）。


こうして見ると日本人にとって履物の着脱は、イエの出入りなど日常的な動作と、宗教性が絡む動作の両種があるものの、どちらも精神的かつ物理的な世界の移動を伴うものです。清姫の草履が脱げる場面は、道成寺所蔵の道成寺縁起絵巻ではこう書かれています。「能程の事にこそ恥の事も思はるれ。此法師めを追取ざ覧かぎりは、はき物もうせふかたへうせよとて走候」と、約束を違え真砂に寄らず安珍既に去ることを知った清姫は激怒狂乱し、草履が脱げるのも構わず走り出します。ここで往来の人々の反応が描写されており、「誠にもあなあなをそろしの気色や」と、清姫の姿を見てドン引きしています。この場面に他者の目線を差し込んでいるのは、物語としても教えを説く仏教説話としても意味のあることなのでしょう。

そんな世間の目を振り切らんばかりに走る清姫の激情と健脚が光ります。

このとき、清姫は草履とともに社会的人間部分を脱ぎ捨てたのです。もはや帰れぬ怒りの態野街道を駆ける誰よりも人間らしい彼女は、その人間らしさゆえやがて人としての姿さえも捨て、蛇身と化して安珍の蒸し焼きを作り上げ、消えて行きます。

草履塚とは、草履とともに捨て去った清姫の社会的人間性が埋葬された場所なのです。

雪女の残したもの

小林正樹監督による映画「怪談」（東宝　一九六五年）は、小泉八雲作の短編から、「和解」「雪女」「耳なし芳一」「茶碗の中」を映画化したオムニバス作品で、カンヌ国際映画祭で審査員特別賞を受賞しています。映画内で原作を忠実になぞっている「雪女」のなかに、気になるシーンが加えられています。草鞋の場面です。

吹雪の山小屋に閉じ込められた巳之吉は、突如あらわれたおそろしく美しい雪女が同行者の茂吉を殺す様を目撃します。巳之吉は「今夜見たことを誰にも話してはいけないよ。もし話したらお前を殺してしまうからね」と雪女に言い含められ、山を降りました。その後病みつくも回復した巳之吉は、一年後、お雪という旅の女と出会い結婚します。十年の時が過ぎ、夫婦の間には数人の子も生まれ、誰もが羨む家族となっていました。正月の準備にお雪が子供の着物を仕立て、巳之吉が家族の履く飾りをつけた「草鞋」を編んでいたとき、ふと思い出し、あの雪女との出会いを話してしまいます。お雪は雪女の正体をあらわし、約束を破った巳之吉を責め、「本来であれば今ここで命を取るのだけれども、子供たちのためにそれはしないでおく。子供たちを立派に育てなさい」と言い残し、姿を消すのでした。

後には巳之吉がお雪のために編んでいた飾りのついた草鞋が残されていました。

この意味深な描写は原作にはなく、監督・小林正樹、脚本・水木洋子による脚色だったようです。

人間として生活していたお雪は当然履物を使い、雪女であるときは履物を拒絶します。映画のなかで雪女が最初に山小屋にあらわれ、茂吉旦那を凍え殺し、巳之吉と約束を交わして去るときも、雪女は裸足でした。

この映画での履物は明確に人間と妖怪を区切る象徴物として使われています。

日本人がさして気に留めなかったこの履物の描写を鋭敏に受け取り、独自に昇華したのが韓国の大衆映像文化でした。

平安女学院大学の朴美暻《パクミギョン》さんに教えていただいたことですが、韓国の民話や怪談を取り扱う人気ドラマシリーズがあるそうで、その名も「伝説の故郷」。日本でいえば「まんが日本昔ばなし」と「世にも奇妙な物語」を合わせたようなものでしょうか。日本の「雪女」をアレンジしたと思われる〈九尾狐〉の話が番組内で一九七〇年代から数回作品化されているそうです。

男は吹雪の山で雪女ではなく九尾狐と出会い、誰にも話さない事を約束し、家路につきます。帰り道で美しい女と出会い、やがて結婚し、子供も生まれ幸せに過ごすのですが、雪山の日から十年が経たんとするある日、妻に九尾狐の話をしてしまいます。妻は九尾狐の本性をあらわし、約束を破ったことを強く批難します。いわく、あと一日だけ男が話さず、女が人を殺生せず十年経っていれば人間になる夢が叶ったのに、と。

九尾狐は男を殺そうとするも、情ゆえに殺せず、そのまま山に去って行きます。

男は妻のために作っていた靴を手に取り「せめて靴だけでも持っていってくれ！」と山に向けて嘆き叫ぶのでした（『'97新版伝説の故郷』第一話「九尾狐」　韓国ＫＢＳ　一九九七年七月十二日放送）。

最後のくだりは小林正樹「怪談」の強い影響が感じられます。しかし、「怪談」と比べるとさらにわかりやすく、履物が象徴物として処理されています。

韓国も日本と同様に家のなかでは靴を脱ぐ生活様式であり、自殺の際に靴を脱ぐのも共通しているそうで、履物に対する心性が比較的近しいからこそ成立したアレンジでしょう。

鬼太郎の下駄とねずみ男のくさい足

ここまで人間と人間以外を分かつ象徴物としての履物を視覚表現から見てきました。

江戸時代の妖怪絵巻や妖怪図鑑の足元を注意深く見れば、例外はありますが、その多くが裸足であることに気がつきます。これもまた履物が人間文明側の物品であり、そこから一線引かれた化け物たちは裸足であるということでしょうか。例外のひとつとして『化物婚礼絵巻』で礼服をきた妖怪たちの一部は草履を履いており、足元まで気を配った人間文化のパロディとなっているようです。天狗の下駄に関しては、妖怪としての特異性、寺社や山岳信仰とのかかわりから、考察が長くなりそうで、また別の機会に譲りたいと思います。

さて、下駄と妖怪といえば、水木しげる『ゲゲゲの鬼太郎』のリモコン下駄。

カランコロンと下駄の音とともにあらわれ、事件が終わったらまた下駄を鳴らして去って行く鬼太郎。カランコロンの音は鬼太郎を象徴するものです。蹴り上げた足から飛んで行くリモコン下駄が自由自在に動き、敵の妖怪を打つお馴染みのイメージ。

妖怪と裸足と履物の歴史に鬼太郎を当てはめたとき、リモコン下駄の攻撃のワンアクション内に、「脱ぐ」と戻って来た下駄を「履く」、二つの動作が込められていることに気がつきます。

履物の着脱は、私たちのこちら側と清姫や雪女たちが去っていったあちら側を隔てる象徴的しぐさです。

鬼太郎はよく妖怪たちから、「妖怪のくせに人間なんかの味方をしやがって」と批難されます。そんな鬼太郎の両義性をリモコン下駄は端的に表現しています。

リモコン下駄はアニメが初出のようです（「吸血鬼ラ・セーヌ」『ゲゲゲの鬼太郎』〈第一期〉一九六八年一月二十四日放送。鬼太郎本人よりも下駄のほうに出番があり、実質下駄が主役）。そのアイデアが原作者によるものか、アニメ制作側によるものかはわかりませんが、アニメとなり毎週のように敵妖怪と戦う場面を作る演出的必要性に迫られ発明されたものと思われます。墓場から出た鬼太郎が、メディア展開していき、よりわかりやすくヒロイックな性質を獲得するなか、下駄の着脱という動作が「人間、あるいは善良な妖怪のために妖怪と戦う」ために発生したのは興味深いです。

ねずみ男との対比もおもしろいでしょう。いうまでもなく、ねずみ男は金に汚く俗っぽく実に人間らしく、よく人間の町にも出没しているシティ派なのですが、かの愛すべき妖怪は常に裸足です。対してゲゲゲの森という妖怪たちの領域に定住する鬼太郎は下駄を履いて、人間の世界にあらわれ、カランコロンと下駄の音とともに去って行く。ねずみ男と鬼太郎、二人のつかず離れずの関係性が二人の履物にも反映されているかのようです。

目指せ草履塚

なにごとも現地に行ってみないとわからない。しかし、コロナ禍で旅に出られませんでした。その間、松井重康の『採薬日記』という本を発見しました。一七五三年に死亡した人物ですが、このなかに紀州日高を訪れ、清姫草履塚を見た記述があります。

もとは『法華験記』(一〇四〇〜四四年成立)に語られた、男を追いかけて蛇になり、道成寺の鐘を焼いた「女」。彼女に「清姫」という名が定着したのは一七四〇年代の浄瑠璃とするのが通説なので、草履塚の設置、あるいはすでにあったなにかの塚が清姫の草履に繋げて語られるようになった(私はこちらの確率が高いと思う)のは、一七四〇年から一七五三年の十年間程度の話といえそうです。草履塚をいつ誰がなんの目的で設置したかはまだわからないのだけれど、案外ちゃんと古いのです。

三年も経ち、師匠の大学退職を控えて、最後に道成寺調査に行くことになりました。師匠の目的は清姫の生まれ故郷と道成寺の蔵に眠る古文書と「清姫の角」でしたが、私の目的は草履塚でした。

清姫草履塚　花なき塚

道成寺のある和歌山県御坊市の市街から車で南に二十分ほど、御坊市と有田市を繋ぐ幹線道路から一本奥まった小道に入り、和歌山湾が横目にちらちら見える旧街道の祓井戸集落。

熊野詣のための熊野街道には、チェックポイントとなる九十九王子が設定されています。九十九どころかもっとあるそうですが、今は跡だけとなったものも多くあります。草履塚はそのなかの「塩屋王子」と「上野王子」、それぞれから約二・五キロ離れた中間の坂に位置していま す。王子間の道標や、ちょっと足を止めていくのにはよいスポットであったでしょう。

草履塚はこの集落の畑のなか、五十センチ横にビニールハウスがあるようなところにひっそりと建っています。あまりの奥ゆかしさに油断していれば気づかずに通り過ぎること請け合い。

写真を見てわかってはいたが、実物はあまりにも地味で逆に楽しい。なにひとつ飾り気なく花も供えられていない。あるいは草履でも奉納されていれば私は喜んだのですが、当然そんなものはない。劣化して読みにくくなった説明板を見ても「清姫草履塚　祓井戸にある。清姫が安珍を追うてきたとき、そこにあった松の大木に登って安珍の行方を見ると、もう日高川を渡っていた。そこで清姫は草履を脱ぎ捨てて（草履を松の枝にかけたともいう）裸足で安珍を追ったという。一説に安珍がこの松に袈裟を掛けて逃げたので袈裟掛の松ともいい、また、袈裟掛の松は別だともいう。今はない。」（原文ママ）と、至極シンプルなもの。

人々はこの塚を見たとき「ふーん、へぇ、ほぉ」と、口に出す以外なにをしたらいいのでしょう。手を合わせるとか、なにか願うとか、清姫の荒ぶる魂安らかならんことを祈るとか、そういう行為をする場所ではないのです。

その証拠に御賽銭もないのです。なんの変哲もない場所であっても、硬貨を置くことで霊性があるかのようにできてしまう、誰でも一円からできる認知のハッキングが御賽銭です。それが草履塚にないことの意味はなんなのだろうと考えるのです。

こうした印象は私だけのものではありません。幕末の歌人・瀬見静人が訪れた際、詠んだ七言絶句を意訳すると「草履塚なんて誰が建てたんだ。苔むしていて字も見えず詩なんて読むなといわんばかりだ」と書いています。なんということでしょう。幕末の時点で「ふーん、へぇ、ほぉ」というしかない場所だったのでした。

そのどうでもいいほどの奥ゆかしさを堪能しつつひととおり撮影し、我々はついでに県道を挟んだ山側にある十三塚に歩いて向かいました。

もうひとつの塚

この十三塚は、海賊に襲われた旅の山伏十三人を供養するために建てられたというもので、時折海上に山伏の魂がさまよう火が見えたそうです。

江戸時代の『紀伊国名所図会』には、清姫草履塚とともにあると書かれており、隣り合うようにあったらしいのですが、県道整備の際、現在の位置に移動しました。

今は、ひとつの大きな五輪塔を挟み、左右両翼に六基の小さい供養塔が並び、それぞれに新鮮な花が供えられている。草履塚とは違い、十三塚空間には赤や緑といった色彩があるのです。この彩りの違いがそのまま地域での祀り意識の違いといえるでしょう。

十三塚には、山伏らに対する哀れみや、祟りませんようにというオソレが感じられます。対して、草履塚は地域としてもなんだか扱いに困り、宙に浮いているかのようです。周りの人々はこいつなんなのと思いつつも、消し去るわけにはいかず、ただなんとなくそこにあるのを否定せず置いています。

もしこれがお地蔵さんであれば、寺の坊さん、社であれば地域の神社の神官、浮いた学生であれば保健室の先生とか、扱いを任せるべき専門職がいます。そういう人たちがいれば、一年に一度くらいは祈りを捧げに来てくれたりするでしょう。しかし、清姫が草履を脱いだなんて場所の担当部署はどこになるというのか？

草履塚には死者も神も安珍も清姫も、なにも祀られておらず、どんな感情を向けたらよいのか、地域も訪れる人もわからないのです。そりゃ扱いがふわっとしたものになるのは当然です。思うに十三塚の場合、地域内で起きたとされる由来に基づき、鎮魂の気持ちを向ける「村にとっての自分事」であるのに対して、草履塚も腰掛け石も、地域の人にとっては「他人事」なのです。道成寺からも離れた地域にとって、清姫は遠く中辺路《なかへち》真砂の里から走って来て通過していっただけの女性ランナーであります。安珍はそれ以上によくわからない知らない人です。

道成寺と清姫の生まれ故郷である中辺路までの熊野街道には、細かい清姫スポットが点々と配置されています。こうしたスポットがあれば、熊野詣をする人々は退屈せずに清姫爆走怒りの熊野ロードを楽しみながら逆にたどることができる寸法です。また、東からは、伊勢神宮を参った後、熊野まで足を伸ばすパッケージがありました。さらに山を越えて、清姫ゆかりの中辺路を通り、道成寺まで客を引っ張る引きとして働いたのかもしれません。なんせ道成寺物は当時様々なメディアで流行している。道成寺までいけばみんなに自慢できるのです。

庶民にとっては、寺院や神社の教義や由来と関係なく、物理的に目に見えるスポットが存在していることが重要です。草履塚を始めとする点在する清姫スポットは、地元の人はなんとも思っていないけれど、旅の人は喜ぶし、なんならお金にもなるからアピールしておこうという、ガイドブックには載っているけど地元では普段食べることもない名物料理のようなものだったのかもしれません。

十三塚　花ある塚

第二話◉

越境する執念
～人魚たちの恋の怪～

採集地▼人魚塚（新潟県上越市）／お満灯籠（滋賀県守山市）

いつの時代も願いに応える神様仏様は、顧客満足度を高めるよう頑張っていらっしゃいます。元来あった御利益や縁起に関係なく恋愛成就を謳うようになった寺社もあり、恋愛関連の祈りは今も昔も、そしてこれからも尽きることはなさそうなご様子。

恋愛関連御利益は、若者へのアプローチになります。寺社と若者がかかわる機会は、初詣か修学旅行か夏祭くらいですから、出会いを求める若者との出会いを寺社も求めているのです。

若者との出会いを求めるのはなにも寺社に限らず、地方は常に来訪者や若者を求めています。そんな地域活性の取り組みに、全国で「恋人の聖地」を認定する活動があります。ロマンチックな風景や伝説がある地をアピールして、集客に繋げるわけですね。新潟県上越市にある「恋人の聖地」は、人魚像のある鵜の浜海岸です。この周辺にはその元ネタになった伝説があるのです。

恋人の聖地

昔、雁子浜《がんこはま》に住んでいた青年が、佐渡の美しい娘と知り合いました。青年には親の決めた許婚がいましたが、佐渡の娘と惹かれ合い、毎夜海岸で逢瀬を重ねるようになります。しかし、海を隔てた佐渡と越後のこと、気軽に会えるはずもありません。毎夜、青年が海を望む米山山麓の神社の常夜灯に火を灯し、娘はそれを目印に夜の海を渡ってくる。それが二人の約束でした。

ある夜、いつものように浜に出ようとする青年を母親が強く止め、常夜灯の火を点けられないことがありました。一夜明けて、神社の崖下に娘の亡骸が上がりました。濡れた

信仰はないが観光はある人魚塚伝説の碑（新潟県）

長い黒髪が乱れ、その表情は見る者をぞっとさせる恨めしい表情だったといいます。

青年は後悔し、崖から身を投げ、女の後を追ったのでした。その後、村の人びとは二人を哀れに思い、かの常夜灯の近くに、「比翼塚」を建て、地蔵を安置し、弔ってやりました。いつしかこの比翼塚のことを人魚塚と呼ぶようになったのです。

人魚像から歩いて数分のところに、人魚塚伝説の碑と灯籠が建っています。かつての人魚塚とされるのは、ここから少し離れた場所。この灯籠は新しいものです。

看板に書かれている説明はおそらく『大潟町史』（一九八八年刊）から引いています。まずこの浜と六十キロ離れた佐渡から夜の海を渡ってくる根性が凄すぎる。これも中辺路から道成寺まで熊野街道を爆走した清姫と同じく、執着による異常なる移動の一例です。また、人魚が明確に登場しないのになぜ人魚塚になったのか、中間が吹っ飛ばされているのが気になるところ。

そのヒントは、膨大な近世説話の地下水脈にあります。ほんのちょっと四百キロほど離れた琵琶湖の話へ目を向けてみましょう。

悲哀、嵐を呼ぶ

琵琶湖東岸、現在の滋賀県守山市の琵琶湖大橋の袂に、なにやら不自然に残った大灯籠があります。その名も因縁深き「お満灯籠」。

琵琶湖の西岸に住む男のもとに、東岸に住む女が毎夜のように通うお話。なぜこうも毎晩通えるものかと不思議に思った男が尋ねると、日吉山王社の灯籠の灯りを目印に、夜の琵琶湖を泳いで渡ってくると話す。このど根性移動、情念の深さに男は慄《おのの》いた。そしてある夜、灯籠の灯りを消してしまった。翌日、女の亡骸が湖岸に上がるが、その身体には蛇か魚のような鱗が生えていたという。

現在西岸にあるお満灯籠は、後世お満を偲び作られたもので、お満が目指した灯籠とは別物です。ここら辺、琵琶湖の東西でお満に対する住民の感覚が違うのかもしれません。

いかがですか。この話、よく似ているでしょう。お満説話では鱗を象徴的に使うことで、女が蛇または人魚に変じたかのように描いています。夜の琵琶湖を渡ってくる執念を、常人を超えたものとして表現したのですね。この話、実は江戸時代中期の怪談集『三州奇談』に載っています。ほかに舞台を静岡県駿河湾とする話が、さらに遡った近世初期の『諸国百物語』（一六六七年刊）に載っていました。話が日本海・太平洋・琵琶湖と広く水辺に分布しているわけです。

後世に建てられたお満灯籠（滋賀県）

お満説話は、民話として琵琶湖周辺地域で展開しています。三月になると比良山系から吹き下ろす「比良颪《ひらおろし》」で琵琶湖が荒れる「比良八荒」の原因をお満の怨念と解釈し、守山市の樹下《じゅげ》神社では、その霊魂を慰める硫黄夜祭《いおうやさい》が今も執り行なわれています。

現在、新潟で伝わっている話は、おそらくオチの鱗の部分が欠落して、人魚塚の要素が唐突になったのではないでしょうか。

この地の人魚伝説をモチーフにしたのが、新潟出身の童話作家・小川未明作の『赤い蠟燭と人魚』（一九二一年刊）です。

童話にするためか、偏愛の要素は消え、育ての親の蠟燭職人によって売られる人魚の悲しき話となっています。未明はもとの伝説の灯籠に注目して、人魚が絵付けをした蠟燭を灯籠に灯すことで、海が凪いだり、人魚が人間に裏切られて以後は海が荒れる物語に仕上げました。

人魚の悲しみが個の次元を超えて、自然現象に影響を与える構図は、琵琶湖を渡る女と同じものです。未明は学生時代、小泉八雲の指導を受け、深く敬愛していました。八雲は日本の古典怪談をこよなく愛し、自作品に活用しました。薫陶を受けた未明の土壌にも各地の話が入っていたのかもしれません。

人魚をシンボルにした恋人たちの聖地の歴史を掘り下げてみれば、自然をも動かす情念の物語が埋まっているのでした。

第三話◉

リメンバー・ミー
～呪う女の歩いた道～

採集地▼鉄輪の井戸（京都市中京区）

なにごとにもきっかけがあるもので、私がここまで現場大好き人間化してしまったのも、明確な転機があります。

大学二回生のときのこと、ゼミで京都市内のフィールドワークに出ました。そこで師匠に連れて行かれた「鉄輪《かなわ》の井戸」の強烈な印象が脳みそに焼きつき、私はこんな風に成り果ててしまったのであります。そこは怪談好きなら誰でも知る話にかかわる由来を持ちながら、民家の隙間、限りなく生活空間と密着した不思議空間なのです。鞍馬や伏見稲荷などの「大ネタ」ならずとも、こんなおもしろいものが町なかに転がっているのだ。これは大変だぞ。と思ったものです。

鉄輪の井戸は謡曲『鉄輪』を由来としています。現代人がもっともよく知る日本の呪いといえば、夜の神社で藁人形に五寸釘を打ちつける丑の刻参りです。丑の刻参りの古い話こそが謡曲『鉄輪』や、その原型であろう『平家物語』「剣巻」の話でした。

男に浮気された京の女が夜な夜な貴船神社に通い、丑の刻参りをします。やがて神官の口を借りた貴船の神から、「川に浸かり鬼になる方法」を告げられました。場面変わって、浮気をした男と女は、自分たちが鬼に狙われていることを知り、名の知れた陰陽師に相談します。陰陽師は祭壇を作り、二人の髪の毛を使った人形を置き、三十番神を勧請し、夜を待ちます。やがて鬼となった女が訪れ、槌を振るい男女を打ちつけるも、それは陰陽師の作った人形であり、三十番神に守られた本人たちには手出しできず、夜の京へ消えていくのでした。

「鉄輪の井戸」は、この女が住んでいたところとも、身を投げた井戸とも伝わる地です。謡曲で語られるその移動ルートは、都の町なかから、糺の森（下鴨神社）、深泥池を通り貴船にいたる大変な距離。およそ十六キロの道のり、夜ごと通うおそるべき健脚っぷりと執念が輝きます。頑張り屋さんです。

鉄輪塚は、江戸時代初期の地誌である浅井了意『京雀』などにも名前が見られますが、やがて廃れ、近代に入り、町内の開発で遺構が発見され、稲荷として復興しました。近世地誌類では「鉄輪塚」表記が多く、一時は参拝者が鉄輪（五徳）を奉納し、山積みになっていたといいます。現在の地名は鍛冶屋町ですが、かつての地名は鉄輪町であり、よく知られていたことがわかります。

　現在は路地の奥にあり、一見ではたどり着けないような祠で、縁切りの信仰で知られています。井戸は既に使われていませんが、この水を相手に飲ませると縁が切れるとのことで、水が入ったペットボトルが置かれているのを見たことがあります。近くに置いておくと、なにかしら呪力が感染して特別な水になるのでしょうか。

民家の隙間に伝承が

丑の刻参りと共犯者

さて。丑の刻参りそのものについて話をしましょう。

神仏の像や神木に釘を打つ攻撃的な呪いは、古代から記録が残っています。

平安時代末期の近衛天皇は病床で何者かが自分を呪詛しているといい、都中の寺社を調べたところ、愛宕山の神像の両目に釘が打ち込まれているのが発見されました。天皇はそのまま衰弱死し、その後継を争う保元の乱から、平安の世と貴族の時代が終わり、武士の時代へと変化していきます。時代の転換点にあたる呪詛の釘なのです。

清水寺の柱には丑の刻参りで人々が釘を打ちつけた痕跡が残っていますし、清水寺の観音と祇園の神像に釘を打ちつけ、祈願した話もあります。こうしてみると、丑の刻参りとは、ただ相手に見立てた人形に釘を打つ類感呪術以外にも、本来的には神木・神仏像への攻撃により、願いを遂げる意図があるのかもしれません。藁人形に釘打てば必ず木も傷つけることになりますからね。

顔に朱を塗り、白い服を着て、頭に鉄輪をかぶり、ろうそくを立て、鏡を抱く丑の刻参りスタイルが定着したのは、江戸時代のことと思われます。

近世初期の『諸国百物語』には、肝試しに行った男がおばけかと思って捕まえたら丑の刻参りの女でしたという話が収録されており、このようにイジられるくらいには庶民に定着していたことがわかります。

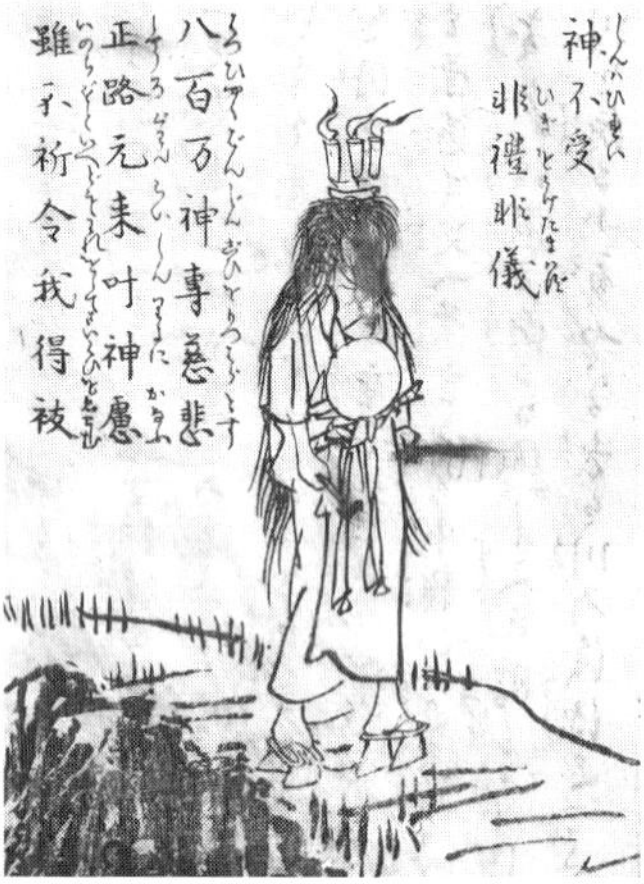

いたずら書きされた丑の刻参り図
(『三教童喩』1820年刊　著者蔵)

江戸時代の丑の刻参りは、怪談集のほか、道徳本にも頻繁に悪しき例として描かれています。江戸時代の怪談では、不幸や嫉妬により魂を荒ぶらす女性霊が多く取り沙汰されました。「丑の刻参りの女」は、日本文学における女復讐者ジャンルのなかでも、より古く、より俗化していったものであるといえるでしょう。

もっとも、復讐者として捉えたとき、道成寺物の清姫・四谷怪談のお岩などと違い、鉄輪の女はその復讐を遂げられぬまま物語が終わっています。謡曲であれば陰陽師に、太平記であれば武士によって妨害されているのです。

復讐者という視点で『鉄輪』を見ると興味深いのが、女が復讐のために祈願する対象が貴船明神である点です。

貴船は都の水源にして、都から歩いていけなくもない程度の「ちょうどよい」距離感の魔界でした。貴船の奥に鬼の国があるとするのは、説教節の『小栗判官』などですが、そこで語られる鬼の国の出入口は深泥池にあるとされました。現在も京都盆地の北限に位置し、古代の植生が維持された湿地であり、乗客の女が消えるタクシー怪談でも有名な場所。そして、『鉄輪』の冒頭で女が通ったという池です。

下鴨神社、深泥池を経て貴船に至る。鉄輪の女は京の水にかかわる霊地・魔所を巡りながら丑の刻参りに通っているのです。わざわざ冒頭の台詞でこれらのスポットに言及していることを考えると、あるいはこれらは単なる通過ポイントではなく、鉄輪における呪いの願掛けにおいて、水霊の眠る地を巡ることそのものが儀式手順になっているようにも読めます。貴船明神が女にお告げした、鬼になる方法は「川に浸かる」というものでした。貴船川には、女が鉄輪をかけたとされる岩もあります。川で物理と精神の境界を越え、人でなくなるのは、日高川を渡り大蛇となった道成寺の清姫を思い出させます。

道成寺伝説と『鉄輪』にはどちらも、わかりにくい重低音として「水」と川が流れているのです。女の復讐を水霊が助ける構造があるともいえるでしょう。これらの感覚の先には、井戸で死んだ皿数えのお菊、川と湿地が重要要素となる累ヶ淵の累（『死霊解脱物語聞書』一六九〇年）、死体を川に捨てられ、舞台上で実物の水を効果的に使い恐怖演出を作り出したお岩たち、江戸怪談のスーパースターたちが想定されますが、話を『鉄輪』に戻しましょう。

こうして、水にまつわる霊地を巡り、水の神に祈願して、水に浸かることで鬼となった鉄輪の女を祀る社が井戸であったことには必然的なものを感じさせます。平家物語、太平記などの中で丑の刻参りの女が「橋姫」であるとされるのも、やはり必然といえるでしょう。

ところで、女に復讐手段を授けた貴船の神ですが、後に陰陽師が鬼と化した女を退ける際勧請する「三十番神」の代表的な神が貴船の神であり、復讐の手伝いと復讐の妨害を同時にこなす悪徳不動産業者の両手取引めいた動きを見せており、よく考えると笑ってしまいます。

古い怪談を読み、ネガティブで攻撃的な強い願いの現場を巡っていると、恨みの本質とは単なる攻撃ではなく、自分のことを忘れ、なかったことにする相手に対して「我を思い出せ」と、働きかける行為であると考えています。

多くの場合、ただ攻撃されたこと以上に、その後ないがしろにされ、自分のことや攻撃したこと、裏切りそのものを忘れることに対して、怨念が生まれるのです。そうして時間差で発動する呪いを表現する形のひとつが「変化《へんげ》」でした。謡曲『鉄輪』で鬼と化した女は「生成《なまなり》」の面であらわされます。生成は人間と鬼（または蛇）の中間にあたり、角が生え始め、顔が変わってきた第二形態にあたります。過剰な拡大表現をされた鬼の姿よりも、この生成のほうが、人間味があってよりこわいというのは昔からいわれます。中途半端な状態には葛藤が生じ、ドラマが動きます。怪談とは完全なる彼岸の物語ではなく、そうした人の心と世界の一瞬の揺らぎを捉える目線そのものなのです。

そうした怪談由来の鉄輪の井戸が今も人々に信仰され、かつて神に復讐を願っていた鉄輪の女が、打って変わって現代の人々から縁切りを願われる立場になっているのが、私にはたまりません。我を忘れるなと鬼と化した呪う女は、本人も思わぬ形で忘れられることなき存在と化したのです。

第四話◉

鰯の頭も信心から
～俗信との遊び方～

採集地▼どこかの戸口

ことわざは、優れた俳句やキャッチコピーと同じく、極小の物語です。

私の好きなことわざは「鰯《いわし》の頭も信心から」。ともすれば、信仰者を揶揄《やゆ》しているようにも見えますが、人間の心と行動から信仰が発生する本質を突いています。観察に基づいた毒と笑いと人間愛が感じられる言葉です。

いうまでもありませんが、ここでいう鰯の頭とは節分のお話。

季節の変わり目には、人の世界とそうでない世界の境界が揺らぎ、鬼がこの世にやってきます。こいつらをどうにかするため、昔の貴族であれば大規模に祭を執り行なったり、新たに寺社を建立していました。対して、お金のない庶民でも手が届く鬼対策グッズが、鬼を打つ豆、鬼の目を突っつく柊、そして鬼の苦手な臭いを出す焼いた鰯の頭というわけです。

節分の豆撒きは平安時代の追儺から変遷していったものですが、鰯と柊については、鎌倉時代から記録に残るようです。

京都のスーパーでは二月になるとよく鰯を見るようになるし、吉田神社や壬生寺などの大規模な節分祭に行くと、参道で焼いた鰯も生の鰯も売られています。いつだったかの節分の夜、家の前で鰯を焼くご家族を見たこともあります。私が育った長野の田舎では、豆は撒いても鰯を使うことはなかったので、これはなかなか衝撃でした。

鰯の頭と茅の輪　奇跡のマリアージュ

今も戸口を気にして歩いてみれば、鰯の頭を飾っている家がたまにあります。京都はもちろん、東京・大阪・奈良・滋賀・和歌山でも遭遇しました。
割となんとなく行なわれる民間信仰にとって、フォーマットはあってなきようなもの。これが寺社であればマナーの問題にもなる訳ですが、自宅の戸につける鰯のことで襲撃してくる小うるさい人などいないのです、多分。そんなわけで、なかには斬新なアレンジがされているものもあり、こちらの例などは、メザシのようになった鰯の頭と茅の輪が合体しています。疫病と鬼を同時に退ける一石二鳥。これぞまさにブリコラージュ、あるいはコンクリフト。鰯の頭といえば串や枝に刺すものとばかり思い込んでいた頭を貫かれた思いです。

鰯もまさか食われた挙げ句、頭だけミイラになって目玉をくり抜かれて、茅を通されて干されっぱなしになるなどと思っていなかったでしょう。

鰯の頭への視線

鰯の頭をおもしろがる気持ちは江戸時代の文化に見ることができます。

江戸時代中期、上方を中心に流行したゆるかわな「鳥羽絵」というものがあります。異常に長い手足とウーパールーパーめいた適当な顔のデフォルメに、心惹かれることこの上ありません。また、題材として、人々の生活や、親しまれていた芸能などが採られており、当時の日常とささやかな楽しみをのぞき見るようで楽しい世界です。人々はこれらの絵を見て、我がことながらニヤついていたのでしょう。

庶民の世界を切り取りおもしろがるのは、同時代の狂歌や文芸にも通じる感覚で、「鰯の頭」の画題は実にこの時代らしく、鳥羽絵らしいといえるでしょう（『軽筆《けいひつ》鳥羽車《とばぐるま》』一七二〇年刊）。

ちなみにこの絵は、鳥羽絵が流行ったおよそ半世紀後、江戸時代後期最大の画狂・葛飾北斎によって、ネタも構図もそのままにリメイクされています（葛飾北斎「鳥羽絵集会 魚頭観音」）。北斎の筆にかかると画力が高すぎて、もとのゆるい味わいはなくなっているのですが。

「鰯の頭も信心から」の古い用例を『精選版 日本国語大辞典』（小学館）で引いてみると、浅井了意作『東海道名所記』が出てくるので驚きました。江戸時代初期のガイドブック兼創作旅行記の仮名草子である『東海道名所記』は、江戸から京都への旅を綴った道中記です。江戸時代に発達した名所記や旅小説らに大きな影響を与えたとされる本で、その系統樹の先には十返舎一九《じっぺんしゃいっく》の大ベストセラー『東海道中膝栗毛』があるわけです。

著者の浅井了意は浄土宗の僧であると同時に、近世初期怪談の金字塔『伽婢子《おとぎぼうこ》』の作者であり、江戸時代全国的に流行する地誌類の先駆けとなる『京雀』、江戸時代の安倍晴明ブームの先鞭となった『安倍晴明物語』などの著作を持つマルチ作家です。

『東海道名所記』のなかでは、京都の蹴上《けあげ》にある庚申堂《こうしんどう》（現在の尊勝院）で、生きた猿を拝んだり、服を着せて裁判必勝祈願を

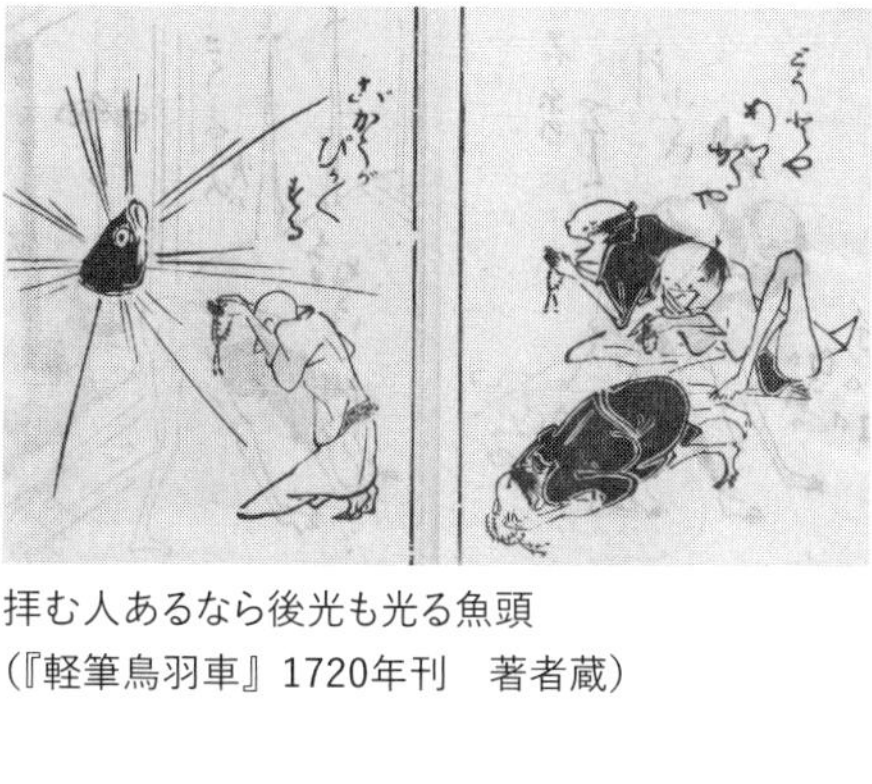

拝む人あるなら後光も光る魚頭
（『軽筆鳥羽車』1720年刊　著者蔵）

する人たちを見て「鰯の頭も信心よりとはいうけどさぁ」みたいなニュアンスで使われています。

了意の本職は、物語を使い教えをわかりやすく語る唱導僧であり、彼の使う「鰯の頭」には、深い含蓄《がんちく》が感じられます。

もっとも「鰯の頭」の語自体を了意が作ったなんてことはなく、実際には少し前の時代の俳諧本から出現しています。世のなかをナナメに見ておもしろがり、毒ある表現をするのは、いかにも俳諧者たちらしさがあります。こうした人の世と心の在り方を観察して、笑いで包んで見せる技法は、やがて江戸文芸最大級の異才たる井原西鶴へと繋がっていきます。

近世初期のひねくれものたちが見つけ出した「鰯の頭も信心から」という言葉とは、フィクションをフィクションとして受け止めながら、それでも手を合わさずにはいられない人間味が読み込まれた最小の物語なのです。

ここにあるのは、信仰に対する「間合い」です。信仰とは役に立つ面、こわい面、おもしろい面を兼ね備えたなかなかにやっかいなもので、ハマるにしても健全なハマり方、不健全なハマり方があります。ちょうどいいくらいの「間合い」を探り、うまく遊ぶヒントが「鰯の頭」に詰まっているのではないでしょうか。

終章

失われゆく「ますように」

失われた信仰、意味が忘れられた信仰、意味がわからずとも続いている信仰。生活と密着した見えざる世界は、消滅へと向かいながらも、未だけなげに稼働し続けている。私たち人間はいずれこれらを完全に忘れ去るのだろうか？　そんなことはないだろう。たぶん。

願いの現在地

採集地▼手長神社（長野県諏訪市上諏訪）／亀戸天神社（東京都江東区）／ある離島／京都府内某所／高山稲荷（青森県つがる市）／壬生寺（京都市中京区）

諏訪名産「なんとなく柱」

鹿の首を並べる御頭祭、冬眠したカエルを贄として捧げる蛙神事など、狩猟にまつわる独自の儀式で知られる諏訪信仰ですが、なかでも最大の知名度を誇るのは御柱祭です。

全国有数の怪我人が出る、七年に一度の奇祭として知られ、諏訪大社の上社前宮、上社本宮、下社春宮、下社秋宮の四社に「御柱」四本ずつ、一本につき約三千人もの人手で曳き、坂から落とし、川を渡り、境内に立てます。なかでも木落しはその豪快さからよく話題に上りますね。

木を曳いて練り歩く儀式は、宗像大社（福岡県宗像市）の神事などにも見られます。理屈として、天から神木に降りた神を川という境界で再生させ、あらためて神社で祀り上げるという、依代《よりしろ》の思想です。だけど諏訪の場合、木が四本必要ですから、単一の神の依代と考えるのは無理があるように思われます。謎多き諏訪信仰といわれるだけのことはあります。

さて、そんな御柱ですが、諏訪地方を歩いてみると、驚くべきことに町中の至るところ、神社でも寺でもないところでも見ることができるのです。路傍の小さな社や、地蔵、石仏などもその周り四方に柱を四本立てています。全国的に流通している諏訪の地酒・真澄の蔵元では、ずいぶんおしゃれなデザインをしたセラーの敷地内に、酒造神でおなじみ松尾明神と思われる小さな祠があります。その周りにも一メートルほどの四本の柱が立てられています。そのすぐ近くの麗人酒造では、蔵の屋上に祠があり、その周りももちろんミニ御柱が立てられています。

ＪＲ上諏訪駅から山側に歩いて二十分ほど、諏訪湖を見下ろす高台の上に手長神社があります。ここには大量の摂末社が密集。全てに四本のミニ御柱が立てられているものだから、それはもう柱だらけ。柱の人口密集地、柱の集合住宅です。

諏訪の人にこの柱はなんなのかと聞くと、本人たちもよくわからないけど立てているといいます。この辺りの人たちは、なにかと神様っぽいところには柱を立てずにはいられないのでした。

「〇〇しますように」という祈願や霊的なパワーの由来を説明する縁起が忘れられ、ただなんとなく神っぽいところに立

諏訪の人柱好きすぎ問題

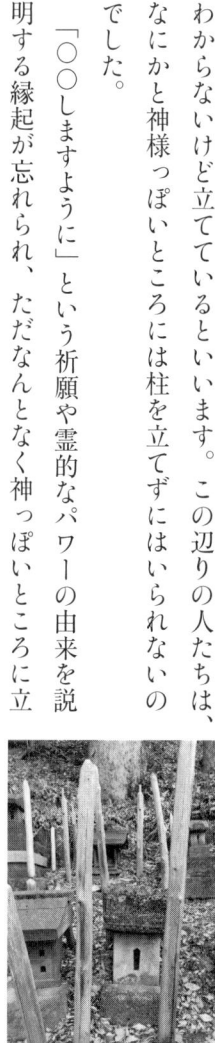

て、ただなんとなく続いている。これこそは民間信仰のある種の極致といえましょう。

塩まみれのおいぬさま

東京都江東区の亀戸天神社の境内に「おいぬさま」と呼ばれる変わった像があります。亀戸天神は二つの川の交わるデルタゾーンにあり、水の信仰と天神信仰の両面を持っています。本殿の正面は見事な藤棚と池が広がり、藤の季節にはおそらく見ものでしょう。しかし、私は花より民俗のおじさんなのでそちらには目もくれず、境内の御嶽社の後ろに回ります。日があたりにくく人目につかないそこには、塩にまみれた犬の石像「おいぬさま」がぽつねんと、小屋のなかで飼い主を待つ小型犬のようにかわいらしく鎮座ましましているのです。

犬といいましたが、こいつが本来なんだったのかよくわかりません。狛犬の片割れにも見えます。いつの頃からこうして塩まみれなのか、なぜ塩で犬を埋める信仰が始まったのか、その瞳はなにをみつめているのか、神社の人も地元の人も確かなことはわかっていません。

ソルティードッグ!!!!

もはや人型からかけ離れている塩地蔵

塩を地蔵にこすりつける風習であれば、東京都文京区の源覚《げんかく》寺《じ》、通称こんにゃく閻魔にも塩地蔵があります。自分の体の悪い部分と同じところに塩をつけてお参りするとよくなるという俗信のもと、二体の地蔵が塩でコーティングされ、もはや旧約聖書のソドムとゴモラの塩の柱のようになっています。この寺はこんにゃくをもらうことができますので、近くを通ってお腹が空いていたらお詣りをおすすめします。

身代わり地蔵ともいわれるように、全国なにかと地蔵は物理的な攻撃を受けています。縛られたり（縛られ地蔵・東京）、油をかけられてドロドロになったり（油かけ地蔵・京都）、蠟を垂らされてエンチャントファイヤされたり（蠟燭地蔵・茨城）、海風でぼろぼろになりおばけめいた姿と化す（ゆうれい地蔵・東京）などなど……。この手の気の毒地蔵シリーズでひとつ薄い本ができそうですが、犬が気の毒なことになっているのは、ここで初めて見ました。

塩や味噌を地蔵や毘沙門像に塗りつけるのは、主に疫病・疱瘡除けから変化したものと思われます。自分の身体の痛い部分を肩代わりしてもらうといった信仰にも派生していきます。

このおいぬさまが、そうしたおなじみの法則のもと成り立っているかどうかはわかりません。

しかし、なにもわからないにもかかわらず、おいぬさまは今日も亀戸天神の辺境に塩まみれで存在しています。きっと明日も塩まみれなのでしょう。

この自分もなんで塩まみれなのかわからず困惑しているかのような素朴な顔のおいぬさまに、私などは民間信仰の世界の強烈なリアリティを感じるのでした。

消えたローカル信仰　安産の石

ある離島調査での出来事。詳細はぼかしますが、その島には怪しい石の伝承がありました。女が浜を歩いていると、「おぶえ、おぶえ」と声が聞こえる。そこで女は「それじゃあ来いやあ」と声を返すと、ずしりと背中が重くなる。そのまま家に持って帰るとカゴには大きな石が入っていました。その夜、夢枕に神様が立って、子供ができることを予言したものだから、その後、石を家で神様として祀ることにした。石は屋敷のなかにあるお産にも使う小屋の押し入れに祀られました。

うばりよん、ばうろ石、おっぱしょ石など、子供の声を出し、おぶさってくる石にまつわる妖怪話は全国各地に分布します。これらは場合によっては、難産で死んだか、妊娠したまま埋葬された女性が化けて出る「ウブメ」とも関連づけられて語られます。ウブメが抱かせてくる赤子が石と化して、どんどん重くなっていく話は、各地で採集されています。

島でこの石を祀っていた家系の人と偶然に出会いました。Tシャツの裏表を間違えるだめだめな私ですが、現場に関しての運だけは大変によいのです。

さて、先に述べたのは民俗誌に載っていた話なのですが、実際に聞くと続きがありました。ぜひ石を見せてもらえないかと頼んでみますが、なにやら「すでに石はなくなった」「海に帰った」というのです。なんでも、家でお産をする部屋に守り神として大事に祀ってあり、話者が子供の頃も供え物をしていたけれど、ある日、親戚の新興宗教信者女性がこっそりと海に石を捨ててしまったそうなのです！

ひとつの家のお産にまつわるごくごくローカルな信仰が、生まれてから終わるまでの、伝記映画のような話を実際に現場で聞くことができて、私はなんともリアクションに困り、苦笑いでごまかしたものでした。

「ますように」の先の先　墓の墓、神の墓

基本的に私たちが近代化しているというのは思い込みな気がしています。あるいは近代自体が実は前近代性から抜け切っていないのかもしれません。しかしながら、時代が流れているのもまた当然で、方々で墓仕舞いの話がニュースになっています。

京都府内某所には、役割を終えて墓地から撤収された墓石たちが集められた「墓の墓」があります。

道が一本しかない山中、突如開けた場所にずらずらずらとたくさんの墓石たちが、隙間もなく並んでいます。石の種類や形も様々で、なかには故人の石像も混ざっています。

墓地がこわいという人がいます。当然のことでしょう。墓地は死の匂いと、死者を悼む人々の気持ちが集まる場所。アテられてしまう人がいてもおかしくありません。

ではここはどうなのでしょう。既に詣る人を失い、もはや遺骨も遺灰も孕んでいない、正真正銘からっぽの墓石たちは、果たして「こわい」といえるものなのでしょうか。

この墓石たちは、死者と生者を繋ぐ装置として機能していた役割を終えました。しかし、ただ廃棄するのは「なんとなく違う」となるのもわかります。

青森県つがる市の高山稲荷には、廃棄された祠が東北中から集められ大量に並んでいます。「墓の墓」に対してここは「神の墓」とでもいいましょうか。もとは屋敷神だったり、町内の小さい祠だったり、個人の持ち物であった神棚、そして狐の像などが丘の上に無数に鎮座しています。いや、すでに祀る人、祀られるカミを失ったからっぽの祠ですから、鎮座などでなく、シ

墓の墓は忘却を孕み育ち続ける

ンプルに置いてあるというべきでしょう。

「墓の墓」や「神の墓」の前に立つと、ここは時代の最先端だと感じます。時代の流れのなか、人々が手を合わさなくなり、信仰のもっともコアな部分が失われても、信仰されていたという残り香が強く漂うこの空間は、圧倒的に寂しく、この世の流れ全部から置いて行かれているような気にさせる光景です。

神なき祠には空虚が詰まる　高山稲荷

消える「ますように」～地蔵盆～

私が住んでいる町内の地蔵が消えてなくなりました。

町内安全と町内の子ども守護を主任務とし、毎年夏（八月二十三・二十四日が中心）に行なわれる地蔵盆は、京都各町内の重要な年中行事です。我が町内では、子供が減ったため、新型コロナ流行前から地蔵盆の規模が年々縮小していました。地蔵堂に集まっていたのが、次第にただお菓子を配るだけになり、やがてQUOカード配布のみとなり、そして新型コロナ禍でなにもできなかったことをきっかけに、ついに地蔵仕舞いすることになりました。

京都の町の地蔵というと、化粧をされた姿がお馴染みですが、当町内の地蔵は、かつて市内に地蔵泥棒が流行った（！）際に、石彫りの地蔵から、軸絵を祀るよう変化した珍しい例でした。

地蔵は供養を施し、壬生寺に預かっていただきました。

京都市内は碁盤の目状に町が作られ、そのひとつひとつに地蔵が配置されています。コンビニよりも地蔵が多い町です。地蔵盆の時期になると、町を歩けばその辺の道で、地蔵の周りに提灯が出て人々が集まり、お菓子を食べたり、話をしたり、数珠を回したりする様子が見られます。

なかには開発などにより地蔵がない町内もあって、そんな地域はどうするかというと、壬生寺に頼ります。壬生寺には市内の開発、道路や鉄道の整備などで出土した行き場のない地蔵が集まり、驚くべきことにそれらを地蔵盆で貸し出すレンタルシステムが構築されているのです。

地蔵がレンタルされるなんて楽しいじゃあないかと、地蔵盆の前日や当日に、壬生寺の境内で観察したことがあります。どこかの町内の人が寺務所に声を掛けると、貸出書類が出てきます。書類を書き終わったら、並んだ地蔵群のなかから、好みの地蔵を選び抱えて持っていくのでした。普段はたくさん並んでいるお地蔵さんの群はだんだんと歯抜けになっていきます。そして、お寺に帰ってきたときには新たに化粧がされていたりするのでした。開発が進んでも残っている独特の地蔵信仰の在り方がこのお地蔵レンタルなのです。

まぁかくして我が町内は地蔵密集地の京都にあって、地蔵エアポケット、地蔵空白地帯と化しました。新型コロナ流行を機に各地で、多くの祭礼や信仰の場が消えています。もっとも、祀る人の減少からいずれ消えていったのでしょう。コロナ禍はそれを急速に早めたに過ぎません。私はこういった小さな信仰や祭が消えていくことを、実はそんなに嘆いていないのです。変化は当然のことだし、文化の変遷としてそれはそれで興味深いのです。

前近代に戻るべしとか、精神文化に立ち返るべしという思想もなければ、逆に迷信を打破せんとする啓蒙思想があるわけでもなし。それらの現時点を眺め、ときに畏怖し、ときに愛で、そして消滅を見守るスタンスで、現代の「ますように」を紹介してきました。

消えていくもの、忘れられたものもあれば、戦争や疫病をきっかけにリブートしたり、新しい解釈や物語あるいはキャラクターが付着することで、違う意味に変質したものもありました。

時代が変化しても、人間は、おそれる事、願う事、そして日常的に妄想することを決してやめません。おばけは死なないという歌がありますが、人間のいる限り「ますように」も死ぬことなく、常に姿を変えて在り続けるのです。

小さな神々や民間信仰のほとんどはいずれ消えていくのでしょう。これら消えていくものらの情報の断片が、後世の物好きな誰かの手がかりとなり、いずれ「人間を解決する」一助となればと妄想しています。

そして、願わくば、わけのわからない祭やわけのわからない信仰が、わけのわからないまま、ふんわりと在る世界であり続けますように。

主要参考文献

石川一郎編『江戸文学俗信辞典』東京堂出版　一九八九年
井之口章次『日本の俗信』弘文堂　一九七五年
川田牧人・白川千尋・飯田卓編『現代世界の呪術　文化人類学的探求』春風社　二〇二〇年
小松和彦『神なき時代の民俗学』せりか書房　二〇〇二年
小松和彦『京都魔界案内　出かけよう「発見の旅」へ』光文社　二〇〇二年
小松和彦『呪いと日本人』KADOKAWA　二〇一四年
小松和彦『神になった日本人　私たちの心の奥に潜むもの』中央公論新社　二〇二〇年
小松和彦編『禍いの大衆文化　天災・疫病・怪異』KADOKAWA　二〇二一年
小松和彦監修　常光徹・山田奨治・飯倉義之編『日本怪異妖怪大事典』東京堂出版　二〇一三年
五来重『石の宗教』講談社　二〇〇七年
五来重『日本の庶民宗教』講談社　二〇二〇年
五来重『日本人の死生観』講談社　二〇二一年
今野圓輔『日本迷信集』河出書房　一九六五年
桜井徳太郎『民間信仰』筑摩書房　二〇二〇年
桜井徳太郎編『民間信仰辞典』東京堂出版　一九八〇年
柴田宵曲『妖異博物館』筑摩書房　二〇〇五年
清水邦彦『お地蔵さんと日本人』法藏館　二〇二三年
新谷尚紀編『講座　日本民俗学2　不安と祈願』朝倉書店　二〇二〇年
鈴木棠三『日本俗信辞典　動・植物編』角川書店　一九八二年
高田衛編・校注『江戸怪談集』上・中・下巻　岩波書店　一九八九年～二〇〇二年
高田衛『女と蛇　表徴の江戸文学誌』筑摩書房　一九九九年
堤邦彦『江戸の怪異譚　地下水脈の系譜』ぺりかん社　二〇〇四年
堤邦彦『女人蛇体　偏愛の江戸怪談史』角川学芸出版　二〇〇六年
堤邦彦『京都怪談巡礼』淡交社　二〇一九年
常光徹『伝説と俗信の世界　口承文芸の研究Ⅱ』角川書店　二〇〇二年
常光徹『魔除けの民俗学　家・道具・災害の俗信』KADOKAWA　二〇一九年
常光徹『日本俗信辞典　衣裳編』KADOKAWA　二〇二一年
長沢利明『江戸東京の庶民信仰』講談社　二〇一九年
『日本歴史地名大系』シリーズ　平凡社　一九七九年～
福田アジオ・新谷尚紀ほか編『日本民俗大事典』上・下巻　吉川弘文館　一九九九年・二〇〇〇年
J・G・フレイザー著　上成利男訳　石塚正英監修『金枝篇　呪術と宗教の研究』全八巻　国書刊行会　二〇〇四年～二〇二三年
宮家準『日本の民俗宗教』講談社　一九九四年
宮田登『江戸のはやり神』筑摩書房　一九九三年
柳田国男『禁忌習俗事典　タブーの民俗手帳』河出書房新社　二〇一四年
山中由里子・山田仁史編『この世のキワ　〈自然〉の内と外』勉誠出版　二〇一九年
寄藤文平『死にカタログ』大和書房　二〇〇五年

あとがき

本書のもととなった『現代「ますように」考』は、二〇一九年から同人誌として制作していました。確か民間信仰の生存報告本を書きたいねーと人に話したのが出発点だったと思います。イメージしていたのは、大学入学で上洛したとき、ポケットに入れてきた、小松和彦先生の『京都魔界案内』でした。また、堤邦彦先生の『京都怪談巡礼』も取材段階から同行し、多くを学ばせていただきました。いずれも現場・フィールドワークを重視し、学術とエンターテイメント、そして日常の町と非日常の境界を軽やかに散歩するかのような名著です。

俗信に対する姿勢については、常光徹先生による研究蓄積と「俗信とは心のくせのようなものである」(『日本俗信辞典　衣裳編』)という言に、大いなる影響を受けました。

本書は民間信仰を紹介する本や学術書ではなく、なにかを願わずにはいられない人間の心への思索を企む本なのです。私の根っこは怪談好き・おばけ好きなのですが、怪談の深淵に遊ぶには人間を見つめる必要があります。人の願いへの探求は、深い部分で怪談の探求と合流していくことになるはずです。願いも怪談も人の心からやってくるのですから。

現場を巡っていると「願いの濃さ」に圧倒されることがよくあります。「願いそのもの」に畏怖を感じるといえるほどです。これらの濃厚で混沌とした「願い」を見ていると、日本人に信仰心がない・無宗教などとは全く思えません。単に忙しかったり、日常と同化しすぎているせいで気づいていないだけ。

宗教性への無自覚は宗教への無免疫へと繋がります。現在、この免疫のなさはちょっと大変な問題になりつつあるように感じます。

ああ、それにしても「現代」なんてタイトルにつけるんじゃなかった。軽い気持ちでつけた「現代」が祟ったのが二〇二〇年、コロナ禍でした。現代人が体験したことがない世界的災禍は、人々の日常を揺るがし、結果アマビエをはじめとして、より詐欺的なものも含んだ呪術が再活性してしまいました。もはやあっけらかんと語るものではなくなった気さえします。私のやってきたウォッチングは、社会のすみっこを見つめる暗き趣味だったはずです。急にそれが最前線となってしまった。私はのほほんと語りたい。

結果的にリアルタイムの変化を「書くことを前提とした目線」で注視することになりました。アマビエはもちろん、ゲーター祭は見学に行った翌年を最後に休止になり、猫の呪歌を見つけた年を最後に諏訪の御神渡りは観測されていません。どうもそのようなタイミングに行き当たることが多いようです。

「運」というのも本書でたびたび言及した、物事の点と点を繫いで見出す物語ではあるのですが……まあ運がいいのでしょう。こうして出版に至ったのも巡り会いの運によるものです。暇さえあれば神社や寺や墓に行っているおかげです。

現場、行くといいらしいですよ。そして、人々の願いのかわいらしさとおそろしさを知るのです。

最後に、本書で紹介した文化を維持されている各寺社や地域のみなさま、旅の道連れのみなさま、同人誌時代から『現代「ますように」考』をおもしろがってくださったみなさま、ご助言いただいた先達の研究者・好事家のみなさま、言葉の技術を教えてくださった宣伝会議コピーライター養成講座のみなさま、出会っておよそ二十年遊んでくださった我が師・堤邦彦先生、ニッチな同人誌を出版に導いてくださった淡交社の河村尚子様、そして胡散臭き好きなことに邁進する私を気長に見守ってくれた両親や妹と、あらゆる後方支援を尽くしてくれた岡田祐子さんへ、深く拝して御礼申し上げます。

この本が届いたすべてのみなさまに、ちょっとでもおもしろいことがありますように。

二〇二四年神無月　地蔵が失われた町にて

井上真史

井上真史（いのうえ・しんし）

1985年、長野県飯田市生まれ。怪文化研究家。CRC合同会社（地域再生診療所）特別研究員。京都精華大学卒。国立民族学博物館 特別展「驚異と怪異」公式副読本『この世のキワ:〈自然〉の内と外』（2019年）所収「カランコロン考」が、2021年同志社大学入試国語長文問題に採用された。同人誌版『現代「ますように」考』は、「勝手に選ぶ! 妖怪アワード2019ブックオブザイヤー」を受賞。マニアックな京都のまち歩きツアーガイドとしても活動中。

https://obake-no-scale.com/

ブックデザイン　HON DESIGN（北尾 崇、間宮 理恵）

現代「ますように」考
こわくてかわいい日本の民間信仰

2024年12月19日　初版発行
2025年 2 月26日　2 版発行

著　者　　井上真史
発行者　　伊住公一朗
発行所　　株式会社 淡交社
本社　〒603-8588　京都市北区堀川通鞍馬口上ル
営業　075-432-5156
編集　075-432-5161
支社　〒162-0061　東京都新宿区市谷柳町39-1
営業　03-5269-7941
編集　03-5269-1691
www.tankosha.co.jp

印刷・製本　亜細亜印刷 株式会社

©2024　井上真史　Printed in Japan
ISBN978-4-473-04651-2

定価はカバーに表示してあります。

落丁・乱丁本がございましたら、小社書籍営業部宛にお送りください。

送料小社負担にてお取り替えいたします。

本書のスキャン、デジタル化等の無断複写は、著作権法上での例外を除き禁じられています。

また、本書を代行業者等の第三者に依頼してスキャンやデジタル化することは、いかなる場合も著作権法違反となります。